インターネット動画メディア論

映像コミュニケーション革命の現状分析

辻 泰明

大学教育出版

はじめに

映像コミュニケーション革命の到来

映像メディアの転換

　人類は今、文明の転換点に立っている。これまでの伝統的マスメディアによる一方向コミュニケーションの時代が終わり、インターネットによる双方向コミュニケーションの時代を迎えているからだ。その転換のさなかにあるのが映像メディアである。20世紀後半以来、映像メディアの主役はテレビ放送が務めてきたが、今、その座はインターネット動画に取って代わられようとしている。

　振り返れば、20世紀半ばの1960年、アメリカ合衆国（以下、アメリカ）大統領選挙戦のさなかに、John F. Kennedy（ジョン・F・ケネディ）とRichard Nixon（リチャード・ニクソン）によるテレビ討論がおこなわれた。この中継が選挙戦の行方を左右したといわれ、テレビのメディアとしての威力を知らしめた歴史的事績となっている。それから半世紀あまり後の2016年9月、アメリカ大統領候補者の討論がHillary Clinton（ヒラリー・クリントン）とDonald Trump（ドナルド・トランプ）によっておこなわれた。この時の模様は、全世界にインターネット動画で配信された。大統領選挙の帰趨を左右するメディアがテレビからインターネット動画へと転換したことを象徴する出来事である。

　日本ではどうか。1989年、平成という新元号の発表はテレビで中継された。それから30年後の2019年、令和という新元号の発表にあたっては、インターネットでの動画配信がおこなわれ、多くの人びとがスマートフォンでその様子を視聴した。この事例も、テレビからインターネット動画へと映像メディアが転換しつつあることを示すものといえるだろう。

インターネット動画のメディアとしての興隆は、さまざまな数値にも表されている。たとえば、2019年には、全世界のインターネットのTraffic（トラヒックまたはトラフィック、通信回線上で一定時間内に転送されるデータ量）の80％が動画によって占められると予想されている[1]。また、2022年までにYouTube（ユーチューブ）やFacebook（フェイスブック）などで無料の動画を視聴する人の数は、全世界において45億人に達するという[2]。その一方、アメリカにおけるテレビ視聴時間は、2016年には2010年に比して16％減少しており、特に18歳から24歳の年層ではマイナス48％と激減した[3]。

アメリカにおけるインターネットの広告費（Digital Ad Spend）は、すでに2017年にテレビ広告費を抜いており、前者が880億ドル、後者が701億ドルであるという。増減比では、前者が前年比21.4％増に対し、後者は2.6％減と対比が鮮明である[4]。この広告費には、動画以外の広告によるものも含まれている。では、動画のみではどうか。次の図は、アメリカでのテレビおよびインターネット動画における広告費の推移について、その予測を示すものである。

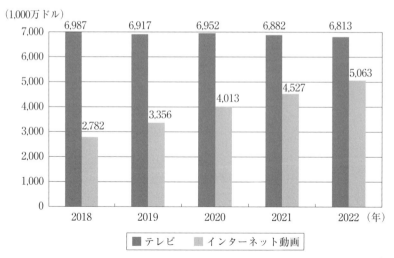

図　はじめに　アメリカにおけるテレビとインターネット動画の広告費推移予測[5]

インターネット動画のみでは、その広告費はテレビの広告費に及ばない。しかし、その伸張についていえば、テレビがほぼ横ばいであるのに対し、インターネット動画は右肩上がりが続くと予測されている。

　事態は日本でも同様である。2018年の平日1日における「テレビ（リアルタイム）視聴」は156.7分で、2015年の174.3分から減少している。一方、「ネット利用」は2018年112.4分で、2015年の90.4分から増加している。特に若年層では、2018年平日1日における10代の「テレビ（リアルタイム）視聴」が71.8分、「ネット利用」が167.5分であり、20代の「テレビ（リアルタイム）視聴」が105.9分、「ネット利用」が149.8分と、「ネット利用」が「テレビ（リアルタイム）視聴」を上回っている[6]。

　また、広告費では、2018年における「テレビメディア」が1兆9,123億円で前年比98.2％と減少したのに対し、「インターネット」は1兆7,589億円で前年比116.5％と増加した。2014年からの推移では、「テレビメディア」がほぼ横ばいであるのに対し、「インターネット」は5年連続二桁成長を記録している[7]。

　インターネット動画配信に関しては、2018年には、その市場規模が前年より19.5％増加したと推計されている[8]。

GAFA（Google、Amazon、Facebook、Apple）と動画配信

　こうした情勢に密接な関わりを持つのが、GAFAと呼ばれる巨大企業の存在である。GAFAとはGoogle（グーグル）、Amazon（アマゾン）、Facebook（フェイスブック）、Apple（アップル）という、アメリカにおける4大プラットフォームの頭文字を並べた略称である。プラットフォームとは、もともとは周辺より高くなった平らな場所を指すが、転じて、基幹的な技術やアプリケーションの動作環境を意味するようになり、特にインターネット上のサービスについては、さまざまな情報を集めた場を提供する事業者の意味で用いられるようになっている。

　GAFAの四つの企業は、これまで、Googleは検索連動広告、Amazonは電子商取引、Facebookは会員制SNS: Social Networking Service（ソーシャ

ル・ネットワーキング・サービス)、Apple は iPhone などの情報端末販売というように、いずれも、その主力とするサービスは異なっていた。しかし、2010 年代末の時点では、各事業者とも動画を事業の柱の一つに据えつつある。

Google は、もともと、YouTube という世界最大の動画共有サービスを傘下に収めている。Google が YouTube を買収したのは、YouTube が事業を始めてまもない 2006 年のことであり、早くから動画の可能性に注目していたことが窺える。2017 年には Google の親会社 Alphabet が YouTube を次の成長の原動力として期待していると報じられた[9]。

Amazon もまた 2011 年に Amazon Instant Video (現 Amazon Prime Video または Amazon Video) という、特定の動画が見放題となるサービスを有料会員向けに開始し、動画配信を本格化した。

Facebook が、Stories という 24 時間で消える短い動画を投稿できる機能を導入し、動画配信を強化したのは 2017 年のことである。Facebook は、Instagram という写真を主とする投稿サイトを傘下に従えているが、Instagram では、その前年 (2016 年) に同様の機能を導入していた。

そして、2019 年 3 月、Apple が Apple TV Plus という動画配信サービスを秋から開始すると発表した。Apple が動画配信に乗りだした理由は、さまざまに取り沙汰されているが、動画配信の将来性に期待を寄せていることはまちがいない。Apple の収益の柱は、iPhone や iPad などデバイス (ハードウェア) の販売であり、そのデバイスを中心にさまざまなソフトウェアやサービスを排他的に組み上げるエコシステムによって高い競争力を維持してきた。2018 年に発売された iPhone の大画面モデルは、動画配信サービスの布石ともいわれる。とすれば、Apple の事業構造がハードを主体としてその周辺にサービスを構築するモデルから、動画というサービスを軸とするモデルへのシフトを模索しつつあることを示すものともいえよう。

何より象徴的であったのは、Apple TV Plus のデモンストレーションに映画監督の Steven Spielberg (スティーヴン・スピルバーグ) がプレゼンターの一人として登壇したことである。それまでスピルバーグは、劇場公開より先

にインターネットで配信される作品がアカデミー賞に応募することに疑念を呈するなど、動画配信には距離を置く人物とみなされていた。そのスピルバーグが、Apple TV Plus を称揚するスピーチをおこなったことは、時代の変化を如実に反映した出来事といえるだろう。

　GAFA 以外に動画配信専業の Netflix（ネットフリックス）も急速に規模を拡大しており、Netflix の頭文字である N を加えて、アメリカの中核的プラットフォーム事業者を FAANG と呼ぶこともある。さらに 2017 年には Disney（ディズニー）も動画配信に本格的に乗り出すことを表明し、2019 年に、アメリカで Netflix、Amazon に次ぐ規模の配信事業者だった Hulu（フールー）を買収した。

インターネットの双方向性とコミュニケーション革命

　こうしたインターネット動画の隆盛をもたらす根本的要因は、インターネットがもつ双方向性が伝統的マスメディアでは実現不可能に近かった利便性を提供していることにある。その利便性は視聴者が好きなコンテンツを好きな時に視聴できるというオンデマンド配信（ビデオ・オン・デマンド）において端的に表される。

　映画は 19 世紀の末に誕生した。以来、人類は実写としての動く映像を視聴できるようになったが、個人が好きな時に好きな映画を視聴するというのは、長い間、夢物語にすぎなかった。映画監督 Jean-Luc Godard（ジャン＝リュック・ゴダール）は、1980 年に著した *Introduction à une véritable histoire du cinema*（『ゴダール　映画史』）において、いくつかの映画を部分的に映写して比較しながら研究することができるような設備を整えるのが困難であることを述べている[10]。

　それから 40 年ほどが経過した今日では、かつてゴダールがおこなおうとしていたことを、誰もが低廉な費用でおこなえるようになった。好きな映画を検索して、好きな順番で視聴するだけでなく、その映画を評価したり、コメントを付与したりすることも可能になった。このような瞬時の反響を誰からも得る

機能は、伝統的マスメディアには不完全なかたちでしか備わっていなかった。テレビであれば一部の人から番組放送中に電話を受けたり、映画であれば上映後にアンケートに答えてもらったりして反響を得ることはできたが、そうしたことに比べれば、現在のインターネット動画メディアがもたらす環境がいかに進化したものであるかが理解できるだろう。

インターネットの双方向性が可能にしたのは、オンデマンド配信や反響の収集だけではない。自らがつくったコンテンツを思い通りに発信することを実現させた。個人が映像コンテンツを全世界に向けて「放送」（配信）しようとすれば、20年前には、各国のテレビ局を買収し免許を得るという莫大なコストと手間が必要だった。それが、今日では誰にでも比較的安価に簡便にできるようになったのである。

伝統的マスメディアが、本質的には、メディアをコントロールできる送り手の側のみが情報やコンテンツを発信するものだったのに対し、インターネットでは、それまで受け手であった人々が誰でも情報やコンテンツの送り手の側に立つことができる。しかも、コンテンツが多くの視聴を集めた場合には、かなりの収入を得ることも不可能ではない。こうしたことは人類史上かつてない出来事であり、人類はまさに、インターネット動画による映像コミュニケーション革命のさなかにいるといえる。

本書の目的と構成

2019年現在、映像コミュニケーションの革命は、FAANGを中核としてアメリカで劇的に進行しつつあり、中国など他の国々がその後を追う状況にある。この革命に関する研究は、アメリカを始めとした欧米諸国では盛んに進められつつあるが、その多くは、個々の事象をとらえたものであって、包括的に状況を捉えようとする試みは多くはおこなわれていない。また、日本では本格的な研究は未だこれからというべき状態にある。そこで、本書は、NetflixやYouTubeなどを主たる対象として、その特性を可能な限り整理して分析しようと試みる。それらアメリカにおける巨大プラットフォームを分析すること

が、映像コミュニケーション革命の本質を考察することにつながると考えられるからである。

　19世紀の末に、動く映像がメディアとなって以来、映像メディアは、映画、テレビ、インターネット動画へと転換してきた。本書より3年ほど前に発行した『映像メディア論』[11]では、映像メディアの転換において、前のメディアは次のメディアに包含されて次のメディアのコンテンツとなることを述べた。本書は、この観点の上に立って、伝統的マスメディア、すなわち映画およびテレビを、新興メディアであるインターネット動画と対比することをおこなう。過去のメディアとの対比は現在のメディアの特性をより鮮明に際立たせると考えられるからである。

　今、起きている革命の本質は何なのか、それを探ることは、我々の未来における社会の姿を探ることでもある。革命の担い手となっているのは、GAFAなどの巨大プラットフォームだけでなく、そこに参加してクリエイターとなっている人々でもあり、また、そこに参加している人々の多くは、未来を担う若年層であるからだ。

　以下、本書では、インターネット動画メディアについて、第1章において、その進化の過程を記述する。続く第2章と第3章では、その特性と類型を分析する。次に、インターネット動画メディアのコンテンツについて、第4章では、主に映画やテレビ番組などプロフェッショナル（専門の職業人）が制作した動画を配信するサービスについて、Netflixを中心に詳述する。第5章では、アマチュアが投稿した動画を共有するサービスについて、YouTubeを中心に詳述する。第6章では、投稿動画の制作者についてYouTuber（ユーチューバー）を中心に詳述する。その後、改めてインターネット動画メディアについて、第7章では、その伝播のあり方を検討する。一方、その課題は第8章で俎上に載せ、第9章では、その未来を展望する。

　Media（メディア）という語は、ラテン語medium（メディアム、中間という意味）の複数形であるが、本書では、情報を伝達する媒体という意味で用いる。コンテンツとしてのインターネット動画を伝播する場としてのメディアに

ついては、Streaming Media（ストリーミングメディア）、Online TV（オンラインテレビ）などという語が用いられることがあるが、本書では一括してインターネット動画メディアと呼称し、略して用いる場合は、動画メディアとする。また、インターネット上にアップロードされている動画の視聴形態に関しては、動画配信あるいはストリーミングビデオなどという語が用いられることがあるが、本書では一括してインターネット動画と呼称する。

　一方、テレビ、映画、ラジオ、新聞、出版など旧来のマスメディアに対しては、英語圏の研究においては、Traditional Mediaという語が用いられていることから、伝統的マスメディアという語を用いる。なお、表記に関し、外国語固有名詞や人名は原則として英語表記を用いるが、日本語による表記が膾炙していると考えられる場合には、日本語表記による。また、外国語文献の引用における日本語訳は、原則として引用者による。

インターネット動画メディア論
―映像コミュニケーション革命の現状分析―

目　次

はじめに　映像コミュニケーション革命の到来 ………………………… *1*
　映像メディアの転換　*1*
　GAFA（Google、Amazon、Facebook、Apple）と動画配信　*3*
　インターネットの双方向性とコミュニケーション革命　*5*
　本書の目的と構成　*6*

第1章　動画メディアの進化 ………………………………………………… *15*
　伝統的マスメディアの歴史と特性　*15*
　マスコミュニケーションとしての映像メディアの誕生　映画とテレビ　*16*
　インターネットの形成と最初の動画配信　*18*
　YouTubeの登場　*19*
　Netflixの参入とテレビ局による動画配信の本格化　*20*
　2010年代における革命の進展　*22*

第2章　動画メディアの特性 ………………………………………………… *27*
　伝統的マスメディアとインターネット動画メディアの違い　*27*
　二つの重要概念　The Long Tail（ロングテール）とWeb 2.0（ウェブ2.0）　*28*
　双方向性が生むコンテンツの多様性　*29*
　「枠」の消滅と既存コンテンツの変成　*31*
　データ駆動型メディアによるマーケティングの革新　*32*
　NetflixとYouTubeにおけるコンテンツ推奨のアルゴリズム　*33*
　Web解析に基づくコンテンツの制作と編成　*34*

第3章　動画メディアの類型 ………………………………………………… *37*
　事業形態の類別　*37*
　時制の3段階　*40*
　配信の時制と視聴者の視聴モード　*41*
　課金・収益の3業態　*43*

コンテンツ生成の2極対置　PGCとUGC　*44*
　　制作者の属性によるプラットフォームの類別——NetflixとYouTubeの違い
　　　　46

第4章　動画コンテンツの配信 …………………………………… *49*
　　ロングテールがもたらした地殻変動　*49*
　　オリジナル・コンテンツの制作が持つ意義　*52*
　　グローバリゼーションの進展　*55*
　　Netflixの海外展開戦略　*56*
　　アジアにおける配信プラットフォームの競合　*57*
　　Transborder（トランスボーダー）からTransnational（トランスナショナル）へ　*59*

第5章　動画コンテンツの共有 …………………………………… *61*
　　参加型文化とYouTubeの成長　*61*
　　YouTubeにおける動画の諸形態　*62*
　　娯楽系動画＝音楽、映画、スポーツ　*66*
　　学習系動画＝ハウツー、教育、ニュース　*68*
　　広告が単なる宣伝ではなくコンテンツになる　*70*
　　共有の典型「ビデオブログ」と「商品レビュー」　*71*
　　新たなジャンルの形成「ゲーム実況」と「ビューティー＆ファッション」　*73*
　　YouTubeにおけるヒット動画の傾向と映像メディアの機能代替　*74*

第6章　動画コンテンツの制作 …………………………………… *77*
　　登録者数が多いYouTuber（ユーチューバー）の共通点　*77*
　　YouTuberと視聴者との距離感　*80*
　　投稿動画の文法と様式　*82*
　　YouTube AnalyticsによるWeb解析　*84*

Google HHH Strategy と YouTube マーケティング　*87*
　　総視聴数と登録者数のどちらを重視するか　*88*
　　コミュニケーション・ツールとしての Snapchat（スナップチャット）　*89*

第 7 章　動画コンテンツの拡散 ……………………………………… *93*
　　動画メディアにおける共有の 4 形態　*93*
　　eWoM（ネット上の口コミ）による拡散　*95*
　　マイケル・ジャクソンの死とジャスティン・ビーバーのブレイク　*96*
　　インフルエンサーと Social Capital（社会関係資本）　*97*
　　参加型文化と Fandom（ファンダム）の形成　*98*
　　マイノリティーと多様性　*99*
　　ボーダーレス化と草の根からのグローバリゼーション　*101*

第 8 章　動画メディアの課題 ………………………………………… *103*
　　選別者の不在と情報の信頼性　*103*
　　匿名性とセンセーショナリズム　*104*
　　フェイク動画が見破れる場合と見破れない場合　*105*
　　Stealth Marketing（ステルス・マーケティング）と Troll（トロール）　*107*
　　文化帝国主義への反発と警戒　*109*
　　情報の占有と流用／規制と統制　*110*

第 9 章　動画メディアの未来 ………………………………………… *113*
　　コンテンツとしてのテレビ番組はまだ見られている　*113*
　　高度の専門性に基づく「ニッチ」への移行　*115*
　　競争の激化とプラットフォームの割拠　*116*
　　メディア・コングロマリットの形成　*117*
　　あらゆる情報のプラットフォームへの統合　*119*
　　5G の導入と米中プラットフォームの相剋　*120*

AIがもたらすアマチュアのプロフェッショナル化　*121*
　　VRによるサイバー映像空間の生成　*122*
　　次世代の映像コミュニケーション　*124*

注……………………………………………………………… *127*

参考文献……………………………………………………… *141*

おわりに……………………………………………………… *144*

第1章
動画メディアの進化

伝統的マスメディアの歴史と特性

　人類が、mass media（マスメディア）を利用するようになったのは、500年ほど前に活字印刷術が普及して以来のことである。マスメディアのmass（マス）とは、「大きな固まり」「集団」「大量」という意味であり、情報を多くの人びとに伝えるマスコミュニケーションの媒体であることを示している。活字印刷術によるマスコミュニケーションが、それ以前の対面コミュニケーションと異なるのは、テクノロジーの産物であるという点にある。活字印刷術というテクノロジーが、直接、対面していない多くの人びとに、同じ情報を大量に送ることを可能にしたのである。

　活字印刷術をヨーロッパに広めたのは、ドイツのGutenberg（グーテンベルク）であるとされている。グーテンベルクが15世紀半ばに印刷した聖書（グーテンベルク聖書）は、出版物の大量生産が可能になったことを示す記念碑ともいうべき書物となった。活字印刷による出版は、単に書物の市場を拡大しただけではない。その重要な意義は、さまざまな思想や発見を広く伝播したことにある。多くの人びとが聖書を読むことにより、キリスト教思想の核心に触れ、16世紀始めにはドイツで宗教改革が起こった。改革の中心人物の一人だったMartin Luther（マルティン・ルター）は、その主張を印刷物として配布して広めた。また、17世紀には、いわゆる科学革命による最新の知見が書物によって共有され、連鎖的な科学の発展をヨーロッパにもたらした。

　こうした印刷物の流通による思想や情報の伝播は、政治的パンフレットや新

聞の流布を可能にし、アメリカ独立やフランス革命など政治上の大事件に重要な役割を果たすようになっていく。

　活字印刷による出版物の流通は、やがて、産業革命と結びつき、19世紀のアメリカにおける大量生産システムの発展と共に、大規模な広告産業を成立させることになった。大量生産は同じものを大量かつ安価に生産することを可能にしたが、生産した商品を地域の小さなコミュニティーでは売りさばけないため、全国の、場合によっては全世界の人びとに商品を知らしめるための手段として、雑誌やちらしなどの大規模な配布による広告が必要だったのである。伝統的マスメディアは、思想や科学技術を伝え、政治や社会を変える役割を果たしただけでなく、より多くの商品を販売し利益をあげるための広告を伝播する媒体でもあったといえる。

　新聞や雑誌の印刷および供給は、多くの資本を必要とした。それは、映画そしてそれに続くテレビの登場によって、より大規模なものとなった。

マスコミュニケーションとしての映像メディアの誕生　映画とテレビ

　映画が誕生したのは、1895年にフランスのLumière（リュミエール）兄弟が、料金をとって観客の前で上映した時とされている。20世紀になると、映画はアメリカで飛躍的な発展を遂げ、1930年代にハリウッドを制作拠点として黄金時代を迎えた。映画を制作するには、大勢の俳優とスタッフ、セット、撮影機材などが必要であり、莫大な経費がかかった。その経費を回収し利益を計上するためには、全国の映画館への配給網による上映体制が必要だった。

　同じ頃、映画同様に大規模な設備を必要とするメディアが出現した。ラジオ放送である。アメリカでは1920年にラジオ放送が開始された。放送は英語でbroadcast（ブロードキャスト）と呼ばれるが、この原義は幅広くばらまくということである。

　ラジオは電波を媒体とするため、情報をその発生と同時に伝えることが可能だった。このラジオが持つ同時性という特性と映画が持つ動く映像という特性を合体させたメディアとして登場したのが、テレビである。テレビは映画を

いながらにして視聴できるという利便性を持っていた。しかし、テレビの本質は単に映画館に行かなくてよいということだけではなかった。ラジオと同様に「放送」であるため、映画よりもはるかに多くの受け手に同時に映像を供給することができた。1969年のアポロ11号月面着陸のテレビ中継は、全世界で5億人以上が視聴したという説もある。

新聞に勝る速報性と映画に勝る利便性を兼ね備えたテレビは、活字印刷術以来続いた伝統的マスメディアの最終発展形であるといえるだろう。テレビは、それまでのマスメディアすなわち書物、雑誌、新聞、映画、ラジオの特性をすべて兼ね備えることが可能だった。そして、これもそれまでのマスメディアと同様、なんらかの訓練を職場で受け、技能を得た者が、専門職業すなわちプロフェッショナルとして制作に携わるメディアだった。

テレビは、その供給システムを構築する上で莫大な投資を必要とした。放送波を伝送するための送信設備や電波塔の建設に巨額の費用がかかったからである。場合によっては、国家レベルでの投資ともなる、この経費をまかなうための方法として、いくつかの形態が生まれた。

その一つは税金あるいは負担金などの公共的資金によって、運営するもの。もう一つは広告収入によるもの。そして、さらにもう一つは番組視聴に直接対価を求めるものである。第1の形態は公共放送、第2の形態は商業放送（日本では民間放送）、第3の形態は有料放送（ペイテレビ、たとえばケーブルテレビや衛星放送など）と呼ばれる。アメリカでは、まず第2の形態である商業放送が盛んになった。また、1980年代からケーブルテレビが普及し、有料放送によって数多くのチャンネルが誕生した。一方、ヨーロッパでは、テレビの登場当時は、公共放送が主であった。これに対し、日本ではテレビ放送の開始当初から公共放送と民間放送が並立するという状況にあった。

巨額の経費と専門家集団を必要とするテレビの出現に至って、情報の送り手と受け手の分離は決定的となった。図1-1に、伝統的マスメディアの発展について、その時系列を示す。

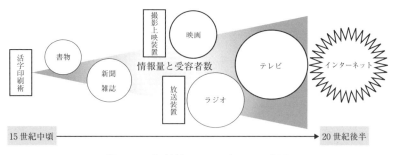

図1-1　伝統的マスメディアの発展

　図に表したように、伝統的マスメディアは、その発展につれて、主となるメディアは入れ代わりながらも、次第に送り手が伝える情報量と受け手すなわち読者や視聴者の数を増やして、巨大化していった。そして、20世紀の後半にいたって、これらのメディアとはまったく別のところから新たなメディアが現れた。それが、インターネットである。

インターネットの形成と最初の動画配信

　インターネットの形成は1960年代に始まった。1969年、アメリカ国防総省のAdvanced Research Project Agency（高等研究計画局）、略称ARPAがARPANETと呼ばれる小規模なコンピュータ通信網を構築した。その後、商業利用がおこなわれるようになり、インターネット上のウェブページを結ぶWorld Wide Web（ワールドワイドウェブ）が導入された。また、写真やイラストレーションなどの画像とテキストを用いることができるブラウザが開発された。やがて、広告の媒体としても用いられるようになった。

　当初、インターネットへの接続には電話回線を用いるのが通常だった。ダイヤルアップ接続と呼ばれるこのやり方は、回線容量が小さく大量のデータを速く送ることはできなかった。

　史上初の動画配信は、1991年におこなわれたコーヒーポットの中継といわれている。大学の研究室に置いてあるコーヒーポットにコーヒーが残ってい

るかどうかを確かめるために配信されたこの映像は、インターネットによって伝播され、「世界で最も有名なコーヒーポット」と称された。しかし、それは、あくまで、一種の遊びにすぎなかった。画質は低く画面のサイズも小さかった。この段階では、高画質の動画を正常に再生できるように伝送することは難しかったのである。

1990年代には、テレビ局もウェブサイトを通じて広報を展開するようになった。しかし、それは、あくまで、放送の補完を目的としており、テレビというメディアとは別のものとみなされていた。

YouTubeの登場

2000年代に入ると、圧縮技術が進み、インターネットの回線容量もブロードバンドと呼ばれる高速回線が次第に普及して、高解像度の動画を再生できるようになった。ブロードバンドが世界に先駆けて普及した日本では、テレビ局が過去の番組の配信を開始した。しかし、権利処理の壁に阻まれて、コンテンツが揃わず、軌道に乗らなかった。

2005年、こうした権利処理の壁を取り払うかのようにして登場したのがYouTubeである。YouTubeは、それまで高度な技術と知識を必要としたインターネットへの動画のアップロードを、誰にでも簡単に可能にするという目的を有していた。したがって、コンテンツを配信するというよりも、利用者がコンテンツを投稿し、共用する、Social Networking Service（ソーシャル・ネットワーキング・サービス）としての機能がその本質をなしていた。

伝統的マスメディアの時代、すなわち20世紀にも、映画の自主上映やテレビ番組の視聴者による制作など、受け手の側がコンテンツを作成し、送り手となることはあった。しかし、自主上映の場合には、多くの劇場で公開されることが少なく、大きな収益をあげることは困難だった。また、テレビ番組制作への視聴者参加も限定的なものにとどまった。YouTubeは受け手の側が映像コンテンツの送り手になることに関する障壁を取り払おうとしたという点で、文字通りの革命だったといえる。

最初の投稿動画は、設立者の一人 Jawed Karim（ジョード・カリム）によるもので、*Me at the zoo*（「動物園のぼく」）と名付けられ、ゾウの檻の前に立つジョードを写したものだった。これが、2019 年 5 月には、1 分ごとに 500 時間分以上の動画がアップロードされる[12]サービスの始まりだったのだ。

　この事業の将来性にいち早く気づいた Google は、2006 年秋、YouTube を 16 億 5,000 万ドルで買収する。インターネット検索を主たる事業とする Google によって買収されたことは、YouTube にとって重要な意味を持った。Google の検索能力が搭載されることによって、YouTube は動画を投稿し共有するソーシャル・ネットワーキング・サービスであるだけでなく、さまざまなジャンルの動画を検索するサーチエンジンとしての性格も備えることになっていくからである。

　翌 2007 年、YouTube は、パートナープログラム（広告によって収益を得ることが可能になるシステム）を開始した。一部の利用者に限ってではあるが、広告が提供できるようになったのだ。YouTube は、その理念を Broadcast Yourself（あなた自身を放送）として標榜し、個人が制作した動画を発信するという特性を明確にした。

Netflix の参入とテレビ局による動画配信の本格化

　同じ 2007 年、新たな潮流が、もう一つ生じ始めていた。アメリカの Netflix がテレビ番組と映画のオンデマンド配信を始めたのだ。Netflix は、その 10 年前に創業していた会社である。当初の事業内容は、宅配によるビデオ（DVD）レンタルだった。しかし、いち早くインターネット動画の将来性に気づいて、事業内容を転換したのである。家にいながらにして好きな映画やテレビ番組を自分で選んで視聴できるということは、かつてテレビの利便性が映画を圧倒したのと同様、従来の実店舗や宅配によるビデオ（DVD）レンタルをはるかに上回る利便性を有していた。

　一方、同じ 2007 年、イギリスでは BBC（英国放送協会）が、テレビ放送のキャッチアップ配信を開始した。キャッチアップ配信とは、日本では見逃し配

信とも呼ばれる。番組の放送終了後、一定期間、インターネット上のサイトで視聴できるようにするサービスである。iPlayerと名付けられたこのサービスは、大きな反響を呼んだ。しかし、その本質は、便利な再放送というべきものであって、あくまで放送の補完に留まっていた。配信は1週間たつと終了し、それより前の過去番組を視聴することはできなかったからである。

　こうして、2007年には、それぞれ異なる特性を有する三つの動画配信サービスが轡を並べることになった。一つは動画の投稿を共有するYouTube、一つは．過去の映画やテレビ番組を配信するNetflix、そして、もう一つは放送番組のキャッチアップ配信をおこなうiPlayerである。

　ちょうどその頃、ハードウェアにおいても大きな変革が起きていた。同じ2007年、AppleがiPhoneを発売したのである。iPhoneは翌2008年、iPhone3Gとして進化し、第三世代移動通信システムである3Gに対応する。さらにその翌2009年、iPhone3GSでは動画撮影が可能になり、個人がいつでもビデオカメラを携帯し、どこでも簡便に動画を撮影できるようになる時代が到来する。

　iPhoneの革新性はさまざまに指摘されているが、この携帯端末がカメラを内蔵していたことは、それほど強調されていない。しかし、動画配信という観点からは、この機能は極めて注目すべきものである。その理由は、インカメラによって「自撮り」すなわち一人でも三脚やタイマーなどを使わず自分を撮影して投稿することが容易におこなえるようになったからである。このことが、動画配信において、自分の日常生活を映像に記録して公開し、他の人びとに見てもらう（共有する）という、それまでにはなかった類の映像コンテンツが盛んに投稿されることにつながっていく。

　2007年は、YouTubeによるパートナープログラムの開始とiPhoneというハードウェアの登場が同時に発生した年だった。歴史を振り返った時、この時点がグーテンベルクの聖書出版やリュミエールの映画上映と並ぶ画期となる可能性があるといえるだろう。

2010年代における革命の進展

　インターネット動画メディアがテレビ番組の伝送路として大きなインパクトを持ち始めたのは、2010年代始めからのことといわれる[13]。その背景として、放送波だけでなくインターネットにも接続可能なテレビ受信機が増加したこと、スマートフォンが普及した上、iPadなど、より大画面の携帯端末も発売されたこと、そして、4Gという高速大容量の通信規格によって、動画の配信が一層円滑におこなえるようになったことなどが挙げられる。

　これらのことによって、インターネット配信は必ずしも低画質のものとは限らなくなった。と同時に、動画配信はテレビを補完するものではなく、テレビを代替するものへと変わっていく。そのことを端的に示すのが、アメリカで顕著になったCord Cutting（コードカッティング、日本ではコードカットとも呼ばれる）である。

　コードカッティングとは、ケーブルテレビの契約を解除してテレビ番組をインターネット経由で視聴することをいう。2012年からの5年ほどでアメリカにおけるケーブルテレビの契約者は数百万単位で減少した[14]。直近ではCord-nevers（コード・ネバーズ）と呼ばれる人びとも増えている。生まれてから一度もケーブルテレビに加入したことのない若年層のことである。

　2010年代に生じた重要な変化はそれだけではない。さらに根底的にメディアの歴史を変える出来事が次々に生じている。

　その一つは、動画配信の国際展開である。Netflixは2007年に配信事業を始めた時から、アメリカ以外の国の人びととでもNetflixに加入できる体制を構築することを企図していたという。その最初の海外進出は2010年、カナダにおいて実現した。次いで、2011年に中南米、2012年から2013年にかけてヨーロッパ各国、2015年に、オーストラリア、ニュージーランド、日本に進出した[15]。この大規模な海外進出によって、Netflixは、アメリカの映像コンテンツをアメリカ国民に提供する国内企業から、グローバルに事業を展開する国際的なプラットフォームへと進化した。

　もう一つは、配信プラットフォームによるオリジナル・コンテンツの制作で

ある。Netflix は、オリジナル・コンテンツの制作を強化し、2013 年、*House of Cards*（日本語題名『ハウス・オブ・カード　野望の階段』）がエミー賞を獲得したことで一気に注目されることになった。それまで、プロフェッショナル（映画監督やドラマのプロデューサー、ディレクターなど映像コンテンツ制作の専門家）が制作したコンテンツに関しては、映画会社やテレビ局などがコンテンツ・プロバイダ（コンテンツの提供者）となっており、Netflix のようなプラットフォーム事業者は、コンテンツの配信者でしかなかった。Netflix が始めた、プロフェッショナルによるオリジナル・コンテンツの制作は、コンテンツ・プロバイダとプラットフォーム事業者との間にあった壁を突き崩したといえる。

　この間、Amazon も同様の動きをみせていた。それまでも Amazon は 2006 年という早い段階で Unbox という動画配信事業を始めていた。その後、次第に動画配信を本格化し、Amazon Prime Video として見放題（月額課金）サービスを開始する一方、このサービスをアメリカ以外の国々でも実施したのである。そして、オリジナル・コンテンツの制作にも乗り出した。Netflix と Amazon は競うように、クォリティの高い映像コンテンツを独自制作し、エミー賞やアカデミー賞を次々に受賞するようになった。

　2010 年代における映像コミュニケーション革命において重要な出来事はまだ他にもある。それは、動画投稿の収益化と新たなジャンルの勃興である。

　2012 年、YouTube はパートナープログラムを一般の利用者に開放した。これにより、動画の投稿により収入を得る道がさらに広く開かれた。Netflix がプロフェッショナル（制作会社）に制作費を提供するのに対し、YouTube はアマチュア（個人）が対価を得ることを可能にするという点で、両者は対照的だった。

　こうした施策を背景として、YouTube には、斬新なアイデアに基づくコンテンツが集まるようになり、それまでのテレビでは存在しなかったか、存在してもほとんど視聴を集めることができなかった新たなジャンルが次々に生まれた。すなわち、ビデオブログ（動画による身辺雑記）、ゲーム実況、商品レ

ビュー、ハウツー動画、ビューティー＆ファッション（美容や服飾に関する情報）などである。そして、これらのジャンルにおいて、莫大な視聴数を獲得し、経済的成功を収める YouTuber も出現した。

　YouTube は、2010 年代の末に至って、伝統的マスメディアに匹敵し、あるいは凌駕するほどの巨大なメディアに成長した。図 1-2 に、2019 年 4 月時点での世界のソーシャル・ネットワーキング・サービスについて、月間利用者数の順位を示す。

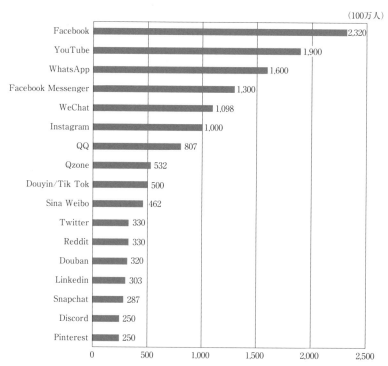

図 1-2　世界のソーシャル・ネットワーキング・サービス月間利用者数
　　　　ランキング（2019 年 4 月）[16]

　図に示されたとおり、YouTube の利用者（アクティブ・ユーザー）は 19 億人に達し、Facebook の 23 億 2,000 万人に次ぐ世界第 2 位のソーシャル・

ネットワーキング・サービスとなっている[17]。Salman Aslam は、全世界のインターネット利用者のほぼ3分の1がYouTubeを利用していることになるとしている[18]。

　こうして2010年代には、NetflixとYouTubeを中心としてインターネット動画メディアが伝統的マスメディアの中心的存在だったテレビを脅かす存在になった。しかし、その一方、コミュニケーションの道具としての映像という観点からは、もう一つ、重要な出来事が生じていた。それは、2011年におけるSnapchat（スナップチャット）のサービス開始である。Snapchatは動画を送信して共有するサービスであるが、送られてきた動画は、閲覧されたり一定の時間が過ぎたりすると自動的に削除されることが基本となっている。従来、人類は、映像をいかにして記録し、保存するかに傾倒してきた。動画が消えてしまうSnapchatは、そうした努力とはまったく逆の発想に基づくといえる。そして、映像によるコミュニケーションにこれまでになかった新たな領野を切り開いたといえる。

第2章
動画メディアの特性

伝統的マスメディアとインターネット動画メディアの違い

　第1章で述べたように、伝統的マスメディアによるマスコミュニケーションは、それ以前の対面コミュニケーションよりも、はるかに多くの人びとに同時に情報を伝えることができた。しかし、対面コミュニケーションとマスコミュニケーションの決定的な違いは、その量的な違いよりも方向性の違いにある。伝統的マスメディアによるマスコミュニケーションが基本的に送り手から受け手への一方向であるのに対し、対面コミュニケーションはマスメディアとは異なり、受け手からの反応を送り手がその場でただちに得ることができる。対話がない場合でも、相手の顔色や目の動き、しぐさなどから何らかの情報を得ることができる。これに対し、伝統的マスメディアによるマスコミュニケーションは原則として、その受け手である膨大な数の人びとから、同時かつ直接的に反応を得ることには困難が伴う。テレビ放送中に電話を受ける場合にも視聴者全員に同時に対応することは難しい。

　Wilbur Schrammのコミュニケーションモデルでは、コミュニケーションとはメッセージのやりとりであり、そこでは、受け手の側は送り手のメッセージを読み解き、今度は送り手となって、元の送り手に対し意味を込めたメッセージを送り返す。すると今や受け手となった元の送り手は、放たれたメッセージの意味を読み解き、また、新たな意味を込めたメッセージを送り返すという循環構造になっている[19]。

　こうした循環的なメッセージの交換を対面コミュニケーションと同等に瞬

時に、かつすべての受け手を相手にしておこなうことは、伝統的マスメディアでは不可能だった。ところが、インターネットは、これを可能にした。しかも、直接対面していない多くの人びとに、情報を送ることもできる。したがって、インターネット動画メディアは、対面コミュニケーションとマスコミュニケーションの特質を同時に併せもったメディアであるといえる。

二つの重要概念　The Long Tail（ロングテール）と Web 2.0（ウェブ 2.0）
　2000 年代半ば、インターネット動画メディアを含むインターネット上のあらゆるサービスにとって、極めて重要な二つの概念が提唱された。一つは、The Long Tail（ロングテール）、もう一つは、Web 2.0（ウェブ 2.0）である。これら二つの概念は、インターネットの双方向性によってもたらされるものであり、現在進行しつつある映像コミュニケーション革命も、これらの概念に呼応したものである。
　ロングテールとは、2004 年に Chris Anderson（クリス・アンダーソン）が提唱した概念である。ロングテール（長く伸びた尻尾）とは、たとえば、ある店の商品をその売上額の順に並べたグラフを作成した時、売上額が多い少数の商品が先頭に高い山を築く一方、売上額が少ない多数の商品が低く伸びた長い尾（ロングテール）のように並ぶ。この長い尾の部分は、実店舗においては、売れない商品として在庫から外される傾向がある。アンダーソンは、インターネットにおいては、これら販売額の少ない多数の商品も切り捨てられることなく、販売されうることを示した[20]。インターネット上のサイトでは、実店舗の空間的限界や経費を気にすることなく、サーバを増設すれば膨大な商品を掲載することができる。実店舗では販売個数が少なすぎて経費割れするため販売不可能だった商品も、インターネットならより少ない経費で販売可能である。一つひとつの個数は少ないが、それらが集まれば、全体としては膨大な販売数になる。こうしたロングテールの概念に則って巨大企業に成長したのが Amazon である。
　2000 年代半ばに出現した、もう一つの概念が Web 2.0 である。Tim O'Reilly

(ティム・オライリー)によれば、それは、ハイパーリンクを基盤とし、「ユーザーが追加した新しいコンテンツやサイトは、その他のユーザーに発見され、リンクを張られることによって、ウェブの構造に組み込まれる」[21] 形態を有している。Henry Jenkins、Sam Ford と Joshua Green は、「Web 2.0 のメカニズムが Spreadable media (拡散型メディア)の前提条件を整えた」[22] としている。拡散型メディアにおいては「audience (観客や視聴者)はデータ以上の存在で、集団による議論とコンテンツの評価や流通への積極的な関与は生産的なもの」[23] である。この Web 2.0 という概念は、それまでのマスメディアにあった生産(制作)と消費(視聴)の間の壁を取り払った。利用者(視聴者)によるコンテンツの生産(制作)あるいは編集(編成)という新たなメディアの概念である。Web 2.0 とはまた「コンテンツの創造と注釈とソーシャル・ネットワーキングを合体させたサービス」[24] でもあった。利用者がコンテンツを制作し、他の利用者と共有するという様態が生まれたのである。オライリーは、「この世界では、一握りの人々が奥まった部屋で物事を決めるのではなく、『かつてのオーディエンス』が何が重要かを決定する」[25] と述べている。

双方向性が生むコンテンツの多様性

こうしたことが可能になるのは、インターネットにおいては、送り手と受け手が Peer to Peer (ピア・トゥ・ピア)と呼ばれるように、回線を通じて、1対1で結ばれていることによる。Peer (ピア)とは元来、仲間という意味であり、両者が対等の関係である時に、この語が用いられる。したがって、ピア・トゥ・ピアとは期せずして、インターネットにおける送り手と受け手が対等であることを示しているともいえる。送り手と受け手が1対1で結ばれていることに加え、送り手からの情報および受け手の反応はディジタル・データとしてサーバに保管されている。このことが、オンデマンド配信を可能にする。

オンデマンド配信とは、利用者の求めに応じて、任意のコンテンツを任意の時点で提供することである。特に、映像コンテンツを配信する場合は、ビデオ・オン・デマンドとも呼ばれる。サーバに常時コンテンツが格納されており、そ

のコンテンツが検索可能であることから成立する。

　そして、利用者は、このサーバに格納されているコンテンツを取りにいくだけでなく、自ら制作したコンテンツをこのサーバに格納することによって、他の利用者にも視聴可能とすることができる。

　伝統的マスメディアが、皆が同じ時に同じコンテンツを受容することを本義としていたのに対し、動画に限らずインターネット上のメディアにおいては、一人ひとりが自分の好きなコンテンツを好きな時に受容できる。また、コンテンツは受け手の側からもアップロードすることが可能である。その結果、インターネット動画メディアにおいては、映画やテレビなどの伝統的マスメディアよりもはるかに多様性に富んださまざまなコンテンツが提供されることになる。

　一方、テレビにおいては、視聴率が高ければ高いほどよいということになれば、できる限り多くの視聴者を集めようとすることになり、各局の番組は次第に万人受けのする同じような内容のものに収斂していく可能性がある。したがって、そのコンテンツは画一的にならざるを得ない。

　たとえば、アメリカでは、テレビ番組は、定型化されたいくつかの人気ジャンルに限られる傾向がある。そうしたジャンルとは、スポーツ中継、シチュエーション・コメディー、ドラマ、コンテスト番組、リアリティー番組、ニュース、レイト・ショー（日本における夜間帯のバラエティーに近い）、クイズなどである[26]。

　事情は日本においても同様で、各局とも似たような出演者による似たような構成のバラエティー、ドラマ、クイズ番組などが並ぶとすれば、それは、できるだけ多くの視聴者を集めようとして、他の成功事例を模倣しようとする結果であるとも考えられる。

　このことは、伝統的マスメディアの中核であったテレビにおける広告モデルが、大量生産・大量消費と画一化を前提とした時代には適応していたものの、その後、視聴者の意向が多様化し、細分化しつつある状況に適応しにくい構造を抱えていることをも意味している。

「枠」の消滅と既存コンテンツの変成

　インターネット動画メディアが従来のテレビとは異なるのは、コンテンツの多様性だけではない。

　まず、オンデマンド配信によって、時間からの開放も実現した。テレビでは、視聴者は、本来は、決まった時刻に決まった番組が放送されるのを待つしかない。録画機の性能向上によって、24時間同録も可能になっているが、それでも、その内容はテレビ局が放送した番組の蓄積にすぎず、プラットフォーム事業者のオンデマンド配信が提供するコンテンツの豊富さには及ばない。

　さらに、スマートフォンやタブレットなど携帯端末の普及は、空間の束縛からも視聴者を解放した。

　ロングテールによる多種多様なコンテンツの提供、オンデマンド配信による時間的自由、携帯端末による空間的自由、そして、Web 2.0に呼応した視聴者の制作への参加、これらのことを鑑みれば、インターネット動画と従来のテレビ放送の違いは、単に伝送路が通信回線か放送波かという違いによるものではなく、利便性と創造性において次元が異なる差異が存在していることになる。

　テレビからインターネット動画へのメディアの転換は、放送時間枠という時間量の限定からもコンテンツを解き放つ。

　映画やテレビなど伝統的マスメディアのコンテンツは、時間量が定式化されている。ハリウッド製の映画は通常2時間程度で制作される。テレビ番組の場合は、より厳密で、アメリカの場合、シチュエーション・コメディーであれば30分、ドラマやリアリティ・ショーであれば1時間の枠内で制作される（途中にコマーシャルの放送を含むため、本編の実時間はもっと短い）ことが一般である。事情は日本でも同様で、たとえば公共放送の場合、連続テレビ小説は15分枠、大河ドラマやNHKスペシャルは45分（広報番組などを含むため、本編の実時間はもっと短かい）枠である。民間放送のドラマは1時間枠で放送されることが多い（ただし、前後および途中にコマーシャルが挿入されるため、実時間はもっと短い）。こうした放送枠が必要となるのは、テレビ（放送）が同時性のメディアであって、編成はリニア（線形）でなければならず、また、

定時性を確保することによって、視聴者の利便性を図ると共に視聴の習慣化にもつなげるものだったからである。

インターネット動画メディアは、こうした放送枠の束縛を取り払った。デジタル化によってDVDやフィルムなどの物理的パッケージの束縛は取り払われていたが、オンデマンド配信におけるノンリニア編成は、時間的パッケージも取り払ったのである。したがって、映画やテレビ番組の転用ではなく、オリジナルとして配信されるコンテンツの尺は、原則として自由である。

インターネット動画メディア向けにつくられるオリジナルのコマーシャルは30秒の放送枠にとらわれることがない。その結果、商品名を連呼したりすることなく、たとえば、数分程度のドラマとして制作し、その最後に商品名を表すような動画も配信される。

インターネット動画メディアのノンリニア編成は、さまざまな尺(時間の長さ)のコンテンツを同時に配置することを可能にする。たとえば、テレビ番組を配信する場合、本編を5分ほどに編集したダイジェスト版を本編と共に配置することも可能である。

データ駆動型メディアによるマーケティングの革新

サーバに蓄積される利用者のデータは、受け手に対して上記のような視聴の利便性をもたらすだけではない。送り手の側にも、伝統的マスメディアでは得にくかった利便性をもたらす。

その利便性とは、データを利用して、受け手の行動を量的に測定することにより、その嗜好を把握できることである。そして、その結果を活用して、①特定の相手に特定の広告を送るマイクロターゲティング、②特定の人の好みに適合するコンテンツを予測して提示するリコメンデーション、③利用者の行動にもとづいてインターフェイスやページ構成やコンテンツの配置を柔軟に変更する動線最適化などがおこなわれるようになった。コンテンツ内容の修整も、量的データに基づいておこなうことが可能になった。こうした、数値データとアルゴリズムに基づく編成と配信をおこなう、いわばデータ駆動型メディアが急

速に勃興しつつあることが、まさにメディア革命の実相であるといえる。

　こうして、インターネットメディアは、マスメディアでありながら、マイクロターゲティングが可能であるという、伝統的マスメディアには無かった特性を有する。この特性は、広告主にとって極めて魅力的なものといえる。

　伝統的マスメディアでは、消費者が本当にその広告に気づいたかどうか、そして、その広告に反応したかどうかを知ることは困難だった。それが、インターネット広告では、たとえば、広告がクリックされることで、広告主は瞬時に消費者の反応を知ることができる。さらに、広告を利用者ごとに出し分けることや、利用者の視聴履歴および検索履歴に基づき、最も適すると考えられる広告を提示することも可能である[27]。

NetflixとYouTubeにおけるコンテンツ推奨のアルゴリズム

　データ駆動型メディアによるマーケティングは、動画配信をおこなう事業者によってさまざまに構築されている。

　Netflixは視聴データを活用した動画推奨の優位性を唱えてはいるものの、その仕組みを詳しくは明らかにしていない。しかし、いくつかの資料から推察すれば、それは、たとえば、次のようなものであると考えられる。すなわち、ある視聴者が、なんらかのコンテンツを視聴し終えると、その視聴者のこれまでの視聴履歴のデータを参照して、視聴者ごとに最適化したコンテンツのthumbnail（サムネイル）、すなわち縮小画像を提示する。その後、その視聴者が実際にどのコンテンツを視聴するかのデータによって、次に提示するコンテンツも変える。さらに、A/Bテストといわれるテストを導入する。A/BテストとはAとB二つのコンテンツを他の条件は同一にして提示し、どちらが、より多く支持されるかをテストするものだ。このA/Bテストをさまざまなレベルで重層的に実施し、その結果から最適の（すなわち、最もその視聴者の好みにあっていて、クリックされやすい）コンテンツを提示する。こうした複雑な作業は、アルゴリズムに基づき、機械（コンピュータ）が瞬時におこなう。

　YouTubeにおけるコンテンツ推奨システムは、Covingtonらによって、2

段階アルゴリズムとして説明されている[28]。このアルゴリズムにおいては、第1段階で候補となるコンテンツ群が選び出され、第2段階でそれらコンテンツ群を推奨する順番（画面に表示される順位）が決定される。第1段階では、膨大なYouTubeの動画の中から、利用者が興味を持ちそうなコンテンツが選び出されるため、候補となるコンテンツは数百にも及ぶ。第2段階、すなわち順位付けの段階では、動画について記述されたさまざまな特徴が分析され、視聴者との関連の度合いに応じ、それぞれの動画がどれくらい視聴されそうかに準じて得点が付けられる。そして、最後に最も高い得点を獲得した動画のリストが推奨ページに表示される。Casey NewtonがYouTubeの担当者McFaddenに取材したところによれば、Google brainと呼ばれるAIを用いたYouTubeの推奨アルゴリズムは、YouTubeの総視聴時間を3年間で20倍に増加させ、2017年時点で視聴時間の70％以上が推奨の効果によるという[29]。

Web解析に基づくコンテンツの制作と編成

インターネットでの電子商取引サイトでは、Google AnalyticsなどのWeb解析ソフトが用いられる。Web解析ソフトの機能はさまざまだが、通常は、訪問者の動き、視聴ページへの訪問者数推移、キーワード検索順位、視聴ページへの参照元サイトなどを知ることができる。こうした受け手の行動データに合わせて、送り手はコンテンツの内容と編成を修整する。

双方向性によって得られる利用者のデータに基づいて、コンテンツをどのように配信するかを決めることは、個人でもそうしたWeb解析ソフトを利用して、おこなえる。

インターネット動画メディアにおいて、従来のような送り手と受け手の区別が消滅したことは、必ずしも、受け手の側が送り手になりうるということだけを意味するものではない。送り手の側が受け手の反応を数値として把握し、その結果、経験や勘に頼らず、データを元に修整を加えることを可能にしたことをも意味する。

映画やテレビのような伝統的マスメディアでは、何を制作し、何をいつど

のような順番で上映あるいは放送するかは、職業としての制作者すなわちプロフェッショナルが、得られるかぎりの種々のデータは参考にするものの、最終的には長年の経験と勘、場合によっては種々のしがらみや慣習によって決めることがあった。それは、コンテンツに対して修整を加える際も同様だった。視聴率のような統計的データや少数者によるグループインタビューでの感想、アンケートの記述などを頼りに、比喩的な表現ではあるが、いわば、暗闇の中をぼんやりした火影を頼りに手さぐりで歩くような状態だった。

　それに対して、インターネット動画メディアでは、データに基づく合理的決定によって、制作し、編成し、修整することが可能になったのである。修整の結果は必ずしも成功を約束するものではないが、試行錯誤によって、改善していくことが可能である。インターネット動画メディアでは、送り手だけでなく、受け手の動向も、伝統的マスメディアとは異なる次元で制作と編成に作用するようになったといえる。

第3章
動画メディアの類型

事業形態の類別

　European Audiovisual Observatory（ヨーロッパ視聴覚研究所）が提供するデータベース MAVISE[30] は、インターネット動画メディアのプラットフォーム事業者について、次のような類別をおこなっている。まず、事業者を、ビデオ・オン・デマンドで映画やテレビ番組などの動画を配信する事業者とユーザーの投稿動画を共有するサイトを運営する事業者の二つに大きく分け、次に前者を有料（視聴に課金して収益を得る）か無料（主として広告で収益を得る）かで分け、その上で有料の課金形態を定額課金か都度課金かで分けている。その類別の構造は、表3-1のとおりである。

表3-1　ヨーロッパ視聴覚研究所による動画メディア事業者の類別

事業形態	収益	事業者数
配信（Video On Demand）	定額課金（Subscription VOD）	618
	都度課金（Transaction VOD）	460
	無料（Free VOD）	205
共有（Video Sharing）		10
計		1,293

　これらのうち、定額課金とは、ある一定期間（通常は1か月）を単位として料金を定め、その期間内は、一定のコンテンツが見放題（何回でも視聴可能）になるサービスである。英語では Subscription Video On Demand（SVOD）

と呼ばれる。また、都度課金とは、コンテンツを視聴するごとに視聴料が課金される。英語では Transaction Video On Demand（TVOD）と呼ばれる。視聴料はコンテンツごとに異なる場合がある。また、視聴方法（ダウンロードかストリーミングかなど）によっても異なる。

MAVISE のサイトには、類別ごとの事業者数が掲載されている。2019年7月時点でのその数は、定額課金型オンデマンドが618、都度課金型オンデマンドが460、無料オンデマンドが205、共有が10の計1,293である。

これらはヨーロッパにサービスを展開する事業者に限ったものである。全世界では、さらに多くのサービス事業者が存在することになる。

このヨーロッパ視聴覚研究所の類別よりも詳細な類別を、Ramon Lobato が試みている[31]。日本での事例を加えて、その概要を列挙すれば、以下のようになる。なお、ここでは、プラットフォーム事業者をサイトと称する。

(1) テレビ放送局による配信サイト

英語では online TV portals（オンラインテレビポータル）と呼ばれる。代表的な事業者は、BBCのiPlayer（イギリス）、ABC iView（オーストラリア）、NRK TV（ノルウェー）、Toggle（シンガポール）などが挙げられている。日本では、民間放送各局が設立した Tver や公共放送が運営する NHK オンラインが相当すると考えられる。これらのサイトは、地上波のネットワークやケーブルテレビ、あるいは、衛星放送局が運営している。コンテンツには、①放送したばかりの番組（キャッチアップ、日本では見逃し配信とも呼ばれる）、②過去番組（ライブラリーあるいはアーカイブと呼ばれる）、③同時送信（放送と同じ内容を同時にインターネットで配信するサービス）がある。これらが組み合わされることもある。

(2) 定額課金型オンデマンド配信サイト

コンテンツの数は多いところでは数千本以上に及ぶが、事業者の側で何を提供するかを決め、権利処理やメタデータの整備、コメント付与などをおこなう。代表的な事業者には、Netflix、Amazon Video、Hulu、HBO Now、CBS All Access などが挙げられている。日本では Hulu（日本法人）、

U-Next などがこの範疇に入るだろう。
(3) 都度課金型のオンデマンド配信サイト

代表的な事業者には、iTunes、Microsoft Films & TV、Chili などが挙げられている。なお、(2) の定額課金サービスサイトが、都度課金を併用している場合もある。

(4) 定額課金、都度課金、無料ポータルの複合サイト

プロフェッショナルが制作した映画やテレビ番組とアマチュアが制作した投稿ビデオが共に配信される。前者が有料、後者が無料であることが多い。代表的な事業者には、YouTube、Youku、Tencent Video が挙げられている。

(5) ビデオ共有サイト

アマチュアが制作した投稿ビデオとプロフェッショナルが制作した映画やテレビ番組が、無料あるいは広告が付け加えられて配信されるサイト。コンテンツには、いわゆる違法コンテンツ（権利処理をおこなっていない）も含まれる場合がある。代表的な事業者には、Daily Motion が挙げられている。

以上の類別は、(1) のテレビ局による配信サイトを除けば、おおむね、ヨーロッパ視聴覚研究所の類別と合致する。しかし、Lobato は、それ以外に次のような事業者も類別に加えている。

(6) 非公式の配信サイト

多くの場合、権利処理をおこなわず、無断でコンテンツを配信しているサイト。ダウンロードも可能にしていることがある。ファイル共有サイトや違法配信サイトも含まれる。

(7) リコメンド（推奨）サイトやまとめサイト

直接の配信はしないが、どのサイトでどのようなコンテンツを視聴できるかの情報をまとめて提供する。例としては JustWatch が挙げられている。Lobato は、これらのサイトの事業内容は互いに共通する部分と異なる部分が入り組んでおり、厳密に仕分けすることは難しいと述べている。また、収益

を得る方法の一つである広告にも、テキストだけのものもあれば動画もあり、本編（本来の視聴対象となっている動画）の前に再生される場合もあれば、途中で再生される場合もある。その広告動画を飛ばす（スキップする）ことができる場合もあれば、一定時間あるいは最後まで視聴しなければ本編が始まらない場合もある。また、事業者によっては、オリジナルの動画を配信することにより、単なるプラットフォームの枠を越えるものも現れている。

　以上のように動画配信メディアには、さまざまな事業形態が存在し、その特徴もさまざまで、組み合わせも複雑である。本書では、動画メディアで展開される事業について、各事業が漏れなく備えていると想定される三つの属性に基づいて考察する。三つの属性とは、時制、課金方法、コンテンツの制作者である。

時制の3段階

　動画コンテンツのうち、特に、プロフェッショナルが制作した映画やテレビ番組の場合は、その配信がおこなわれるタイミングすなわち時制について、次の3段階が想定できる。

　一つは、先行段階である。劇場での公開やテレビでの放送よりも先に、インターネットで配信する場合がこれにあたり、先行配信と呼ばれる。配信サイトが制作費を賄いオリジナルで配信する場合は、この先行配信がおこなわれることがままある。

　もう一つは、同時段階である。映画の場合は公開と同時に、テレビ番組の場合は放送と同時に配信する。

　残る一つは、事後段階である。放送や劇場公開の後で（放送終了直後からの場合も含む）インターネットでの配信を開始する様態である。この段階は、慣習としてキャッチアップとライブラリー（アーカイブと呼ばれる場合もある）に分けられる。

　キャッチアップとは、第1章で述べたとおり、放送に追いつくという意味で、日本では見逃しサービスともいわれる。放送を見ることができなかった場

合、連続番組では、次の回を見ても前回の内容がわからないために、継続視聴につながらないということがある。あるいは、放送終了後に番組が評判になった場合でも、視聴をするためには再放送を待たなくてはならない。こうした事情に対応して、もっぱらテレビ番組の配信においておこなわれる様態で、その観点からは「便利な再放送」といえ、放送の補完がその本旨であるとみなすことができる。配信の期間は番組によって異なるが、第1章で述べたBBC iPlayerの場合は1週間である。

　一方、ライブラリー（アーカイブ）とは、放送が終わってからかなりの期間（半年程度）が経過した後、配信するもので、インターネット配信が普及する前に制作されたテレビ番組や映画も含まれる。この観点からすれば、「便利なレンタルビデオ」であるといえ、放送番組や映画の二次展開（再利用して収益をめざすこと）が本旨であるとみなすことができる。事後段階の配信にこのような二つの様態が生じた背景には、著作権処理のスキームが異なっていたためという事情が介在する。したがって、両者の間には原理的な差は無い。キャッチアップの配信期間を長くし、ライブラリーの配信開始時期を早めれば、両者は限りなく接近し、区別がつかなくなる。

　こうした三つの時制は、事業者側の権利処理や配信のタイミング調整などの事情によって発生していると考えられるが、原理的には接合可能である。したがって、先行配信から同時配信、そして、事後配信へと連続して配信される場合もある。利用者にとっての利便性は、その場合が最も高まると考えられるが、メディアの特性の観点からすると、三つの時制には単にタイミングの問題だけではない、視聴者の視聴モードともいうべき様態が符合しており、なお弁別されるべき余地を残している。

配信の時制と視聴者の視聴モード

　視聴者の視聴モードは、それぞれの時制ごとに次のように想定しうる。

　まず、先行配信の場合は、視聴者は特別な期待を抱いて視聴し、コンテンツの選択は能動的におこなわれると考えられる。先行配信は、さらに二つの場

合に分けることができる。一つはプレミアムと呼ばれる特別な配信の場合である。この場合においては、視聴可能な利用者を一部に限定したり追加料金が設定されたりすることもある。もう一つは宣伝目的の場合である。この場合には、仮に1話目が無料で配信されても2話目以降など他のコンテンツの視聴につなげようとする狙いがある。第1のプレミアム配信の場合は、視聴者は高い期待を抱いて選択的に視聴する。第2の宣伝目的の場合は、2話以降の有料配信に対して継続的に視聴する価値のあるコンテンツかどうかを値踏みしながら視聴する。

　次に、同時配信の場合は、特にテレビの場合、スポーツ中継などを除き、ドラマや映画などにおいて、テレビというメディア特有の定時性（習慣性）、日常性、受動性が発生する。

　最後に、事後配信の場合は、コンテンツへのアクセスおよび検索に伴う能動性が発生する。

　このうち、同時配信の場合においては、決まった時刻にあるコンテンツに接する定時制が生じる。利用者の視聴モードは受動的であり、場合により思いがけない発見や未知の情報との接触が生じるという可能性がある。

　2017年4月、GoogleはYouTubeの有料サービスとして、アメリカのテレビ放送をインターネットで同時配信するYouTubeTVを開始した。YouTubeTVは、過去番組をオンデマンドで配信する機能を備えてはいるものの、本質的にはインターネット上のケーブルテレビであって、放送をインターネット経由で視聴しようというものと評されている[32]。とすれば、YouTubeTVは、テレビメディアならではの日常的、受動的視聴様態に応じるサービスとして位置づけることもできよう。

　また、日本では、2016年にインターネット上の放送局を標榜するAbemaTVが始まったが、これも、テレビメディア特有の受動的な視聴様態に即した配信形態をインターネット上に設けようとしたものととらえられるだろう。

　同じく日本で2019年以降に公共放送がおこなおうとする同時配信も、放送

波に代わって伝送路をインターネット上に設けたもので、利用者の視聴モードはテレビと同様のものとなろう。図3-1は、日本放送協会が2017年におこなった同時配信実験の結果（試験的提供）である。

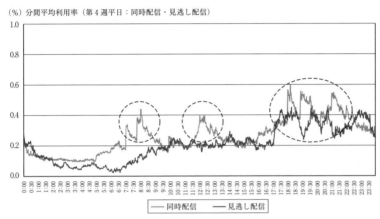

図3-1　日本における同時配信実験の結果
「報道資料 同時配信実験『試験提供B』実施結果について」より転載

　図に示されたとおり、同時配信の利用は、朝、昼、夜に多く、日本におけるテレビ視聴の傾向と類似している。

課金・収益の3業態

　インターネット動画メディアのサービスを展開する際の事業基盤としては、次の三つの形態が存在すると考えられる。一つは、公共放送、商業放送などの事業体が補完的な目的で運営するもの。この場合、経費は、それぞれの本体事業から支出されることになる。もう一つは、コンテンツに課金するもの（この場合、都度課金と定額課金がありうる）。残る一つは、広告である。これら、3形態はそれぞれ組み合わせて運営することが可能であり、2形態あるいは3形態が混淆し得る。

また、当初、広告収入あるいは他の事業からの経費支出で、無料の配信を（大規模に）実施し、一定期間を経た後、一部あるいはすべてのコンテンツやサービスを有料に転換するという方策がとられることもある。有料に転換した際にサービスを継続して利用する顧客の率はかなり低い（通常2〜5％程度）と想定される[33]ため、無料のうちにできる限り多くの利用者（多くの場合、会員としての登録者）を集めておくことが重要と考えられる。場合によっては、有料会員への転換率から逆算し、有料に転換しても残存会員からの収入だけで事業の運営が可能であると判断した時点で有料に転換するという戦略もあり得る。

　本書では、「はじめに」において、FAANGと呼ばれるアメリカの5大事業者が、それぞれ動画配信プラットフォームを展開しつつあることを述べた。動画事業におけるそれぞれの収益源は、Facebookが広告、Amazon Videoが課金、Apple TV Plusは課金（の予定）、Netflixは課金、YouTubeは広告と一部課金となっている。しかし、これらの事業者のうち、Netflix以外は、親会社（運営母体、Googleの場合はAlphabet）による経費負担あるいは親会社の事業モデルに組み込まれていると想定される。動画配信専業でしかも課金というNetflixは、事業構造の上で、他の4者とはかなり異なる形態をとっていることになる。

　YouTubeは、広告を収益源としている。これに加えて、2015年にYouTube Red（2018年よりYouTube Premium）という定額制の課金形態（広告が表示されずに動画を視聴できる）も導入した。YouTubeは事業構造の2形態を兼ね備えていることになる。日本では、たとえば、AbemaTVが、広告モデルと課金モデルの2形態を兼用している。

コンテンツ生成の2極対置　PGCとUGC

　動画配信の場合、特に顕著であるのは、テレビではほとんど放送されることがなかった形態のアマチュア動画がおびただしく制作されて、新たなジャンルを生み出し、全世界に流通していることである。

インターネット動画メディアにおいては、一方には、映画やテレビといったコンテンツの制作を生業とする専門的制作者すなわちプロフェッショナルがおり、他方には、素人ながらスマートフォンなどで簡単に撮影をしてアップロードし、動画投稿による収益は基本的には期待していないアマチュアの一般人がいる。そして、その中間には、映画やテレビの専門職ではないが、動画投稿によってなんらかの収益を得ることを目的とする、いわゆる職業的なYouTuberとして半ば専門的に動画を制作し公開するセミ・プロが位置している。プロフェッショナルである専門家が制作したコンテンツはPGC（Professionally Generated Content）と呼ばれ、アマチュアである利用者が制作したコンテンツはUGC（User Generated Content）と呼ばれることがある。この両者は実際には完全に分離されうるものではない。アマチュア制作のコンテンツであっても、広告や直接視聴料を得ることによって、収益源となる側面を有するからである。また、プロフェッショナルの制作者が会社での仕事とは別に個人として投稿する場合や、制作したコンテンツが大きな反響を得て、アマチュアがセミ・プロのYouTuberとなる場合もあるだろう。

　Stuart CunninghamとDavid Craigは、PGCを配信するプラットフォームとしてAmazon、Netflixなどを挙げ、UGCを共有するプラットフォームとしてFacebook、Twitter、Instagram、Snapchatなどを挙げている。そしてYouTubeはその中間に位置するとしている[34]。

　インターネット動画、特にYouTubeにおけるアマチュア動画とプロフェッショナル動画の併存は、研究者が同様に指摘するところである。

　たとえば、Jean BurgessとJoshua Greenは、「テレビ局やスポーツ企業や大広告主から文化機関、芸術家、活動家、アマチュアに至るまでが参加し」[35]、「利用者がつくったビデオとメジャーなメディアの作品、自己表現と商業文化、プロフェッショナルが制作し著作権保護がなされた上でできるかぎり多くの収益を挙げようとするコンテンツと日常的表現、ヴァナキュラー（個人的記録）な創作、コミュニティー向けのコンテンツ」[36]が混淆している、と指摘している。

また、Michael Strangelove は、「プロフェッショナル、セミ・プロフェッショナル、アマチュアのコンテンツがあらゆる端末上の画面で競いあっている」と評している[37]。

一方、こうしたプロとアマがそれぞれ制作したコンテンツ群の対置を、映画会社などメジャーな勢力による「上からの」(トップダウン) 制作と、草の根のアマチュア文化による「下からの」(ボトムアップ) 制作という、対向した二つの運動としてとらえる考え方もある[38]。

制作者の属性によるプラットフォームの類別 ─ Netflix と YouTube の違い

前節で示したとおり、動画メディアのコンテンツは制作者の属性によって大きく二つに類別することができる。一つは、高度な技能と経験を有するプロフェッショナルが作成したテレビ番組や映画あるいはオリジナル動画 (PGC) である。もう一つは、映像制作を専門の職業とはしていない、言い換えれば、特定の映画制作会社やテレビ局、プロダクションなどと雇用関係にない、アマチュアが投稿した動画 (UGC) である。

アメリカにおけるインターネット動画メディアの代表的なプラットフォームを、アマチュア制作の動画を投稿することができるかどうかという観点、すなわち UGC の有無を基軸として類別した結果を表 3-2 に示す。

表 3-2 主なプラットフォーム事業者の類別

事業者	UGC の有無	会員登録の要否	動画が事業の主体か
Facebook	○	要	×
Amazon	×	要	×
Apple (予定)	×	要	×
Netflix	×	要	○
YouTube	○	視聴のみなら不要	○
Instagram	○	要	×
Twitter	○	要	×
Snapchat	○	要	○

表に示されたとおり、アマチュアが制作した動画（UGC）の投稿が可能であるのは、Facebook、YouTube、Instagram、Twitter、Snapchat といった、ソーシャル・ネットワーキング・サービスの事業者である。投稿された動画の視聴は原則として無料である。これに対し、Amazon、Apple、Netflix は、プロフェッショナルが制作した動画を原則として有料で配信する（Apple は予定）。なお、YouTube や Facebook など多くのソーシャル・ネットワーキング・サービスでは、アマチュアが制作した動画の他に、プロフェッショナルが制作した動画も、プロモーション（広告）目的などによって配信されている。

プロフェッショナルが制作した動画のみしか主として配信しないメディアを配信型動画メディア、アマチュアが制作した動画の共有も可能なメディアを共有型動画メディアと類別すれば、Amazon、Apple、Netflix は前者に入り、Facebook、YouTube、Instagram、Twitter、Snapchat は後者に入る。これらのうち動画の配信あるいは共有を主としておこなう、いわば動画専業の事業者は、Netflix、YouTube、Snapchat の3者である。

YouTube と Snapchat は、共にアマチュアが制作した動画が共有される共有型動画メディアである。とはいえ、両者のサービスには、いくつかの違いがある。YouTube には YouTube Premium という有料の動画視聴サービスがあるが、Snapchat にはそのようなサービスはない。YouTube は視聴するだけであれば、会員登録の必要は無いのに対し、Snapchat は原則として登録が必要となる。したがって、アマチュア制作者が投稿する動画の対象視聴者層に関しても、Snapchat においては主にフレンドという名の知り合いが対象であるのに対し、YouTube においては直接の知り合いだけではなく広く一般の人びとが対象になると考えられる。Kristen Purcell の分析によれば、YouTube への動画投稿者の35％以上が、自分の動画を大勢の人に視聴してもらいたいと願っているという[39]。この結果、YouTube の利用者数は、Snapchat のそれを大きく凌駕するに至っている。

以上のことを考慮すれば、プロフェッショナルが制作した動画を配信する配

信型動画メディアにおいては、Netflix が代表的存在であり、アマチュアが制作した動画が投稿される配信型動画メディアにおいては、YouTube が代表的存在であるといえる。

　以下、まず第4章で配信型動画メディアの代表的存在である Netflix について、次いで第5章で共有型動画メディアの代表的存在である YouTube について詳しく検討する。

第4章
動画コンテンツの配信

ロングテールがもたらした地殻変動

　2016年第2四半期のアメリカとカナダにおける定額制オンデマンド配信市場のシェアは、Netflix（53.7%）、Amazon Video（24.0%）、Hulu（11.8%）が三強の座を占めている。定額制オンデマンド配信には、YouTube も有料の YouTube Red として参入していたが、そのシェアは3.0%にすぎない[40]。首位に立つ Netflix の2018年における収入は、157億9,400万ドル[41]、2019年第1四半期時点での全世界における有料会員（登録者）数は、1億4,886万人[42]を記録している。

　図4-1に2002年から2018年までの期間における Netflix の年間収入の推移を示す。

　さらに、図4-2に2011年第3四半期から2019年第1四半期までの期間における Netflix の全世界での有料会員（登録者）数の推移を示す。

　図に示したとおり、Netflix は2010年代において爆発的な成長を遂げた。

　こうした定額制オンデマンド配信は、Netflix がもともと DVD の宅配レンタル事業者であったことからわかるように、本来、「便利なレンタルビデオ」としての特質を有していた。レンタルビデオの実店舗へ行かずとも視聴が可能であり、宅配のように貸し出し中で在庫がないということもない（なんらかの理由で配信が停止されたり、ラインナップから削除されたりしていることはありうる）。したがって、既存のレンタルビデオのビジネスモデルを代替するものとして、急速に普及した。その結果、レンタルビデオ事業者は大打撃を受け

50

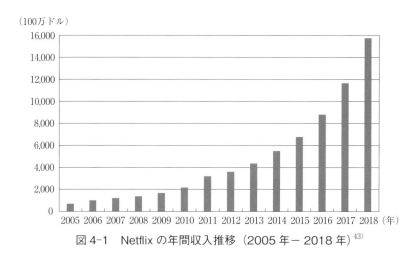

図 4-1　Netflix の年間収入推移（2005 年− 2018 年）[43]

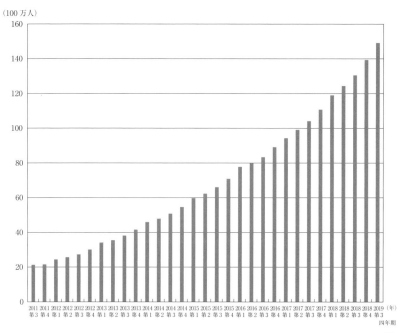

図 4-2　Netflix の会員数推移（2011 年第 3 四半期− 2019 年第 1 四半期）[44]

た。

　アメリカでは、2010年代に、かつては隆盛を誇っていたBlockbuster（ブロックバスター）やMovie Gallery（ムービー・ギャラリー）などのレンタルDVD事業者が相次いで破綻した。その後もレンタル事業は縮小を続け、アメリカでは2015年から2016年にかけて、実物パッケージでのレンタル（physical rentalと呼ばれる）、すなわちインターネット配信ではない従来型のレンタルによる売上は18％下落したのに対し、同時期にストリーミングによる定額配信での視聴は23％ほど上昇したという[45]。こうした現象は日本でも同様で、日本映像ソフト協会の調査によれば、有料コンテンツの市場規模は2013年にレンタルが2,184億円、セル（パッケージ販売）が2,431億円だったのが、2018年にはレンタル1,542億円、セル2,106億円へと減少した。一方、有料動画配信は、同期間に597億円から1,980億円へと増加した[46]。

　定額制オンデマンド配信は、アメリカにおけるケーブルテレビのような有料放送にも打撃を与えた。伝統的マスメディアである有料放送のビジネスモデルを、より低廉で、より利便性が高い定額制オンデマンド配信が破壊したのである。アメリカでは、第1章で記したようにケーブルテレビを解約する動きが急速に広まった。

　また、こうした転換は、視聴者の視聴様態にも変化をもたらした。定額制オンデマンドによっていつでも好きなコンテンツを好きなだけ視聴できることから、Binge Watching（ビンジ・ウォッチング、日本語では「一気見」ともいわれる）という様態が出現したのである。ビンジ・ウォッチングとは、Binge Viewing（ビンジ・ヴューイング）あるいはMarathon Watching（マラソン・ウォッチング）とも呼ばれ、シリーズドラマの作品を1話から最終話まで、見続ける行動をいう。アメリカでのテレビドラマの場合、通常は1シーズンといわれる一連の物語が20程度の回（エピソード）で構成されている。場合によっては、第2シーズン、第3シーズンと物語が続くこともある。これら大量の番組群に対して、ビンジ・ウォッチング（一気見）をすることは、従来のレンタルDVDでも可能ではあった。しかし、大量に借りたDVDを1枚ごと

にプレーヤー（再生機器）に装填し直して視聴し、期限までに返却する必要があった。これに対し、定額制のオンデマンド配信であれば、DVDを入れ替える手間はなく、返却期限を気にする必要もない。映画においても、規模はテレビドラマほど大きくないが、シリーズ化された作品や派生作品あるいはリメイク作品、場合によっては気に入った俳優や監督の作品を一気に見ることが、従来よりもはるかに容易になった。ビンジ・ウォッチングは一方で、テレビドラマのシリーズを一気に見ることが習慣化して、やがて、視聴から抜け出せなくなり、外出もせず家にこもって視聴を続ける弊害をもたらす場合もありうる。

　ビンジ・ウォッチングやデータ解析を元にしたコンテンツの推奨（リコメンデーション）など、Netflixがもたらした新たな動画配信の様態を、Kevin McDonaldとDaniel Smith-Rowseyは、Netflix Effectと名付けた[47]。

オリジナル・コンテンツの制作が持つ意義

　Netflixは本来、プラットフォーム事業者であって、コンテンツは他のコンテンツ・プロバイダから提供を受ける事業形態だった。そのNetflixが2012年に開始したのが、自らが製作資金を提供してコンテンツを制作することである。そこには、動画配信事業の競争が激しくなるにつれ、コンテンツの調達（アグリゲーション）が難しくなり、提供費の高騰や、コンテンツの奪い合い、提供時期の遅れなどが発生すると予見し、それを避けようとする狙いがあっただろう。

　Netflixのオリジナル作品が注目を集めたのは、第1章で述べたように2013年に*House of Cards*（日本語題名『ハウス・オブ・カード　野望の階段』）がエミー賞を受賞したことによる。しかし、Netflixによるオリジナル作品制作の革新性は、Netflixが作品の制作にあたっては巨額の制作費を提供する場合でも制作者の自由度を高めると標榜した点にある。その狙いは、優秀な制作者を自社作品の制作に参加させるためだったと考えられるが、多くの制作者にとっては画期的なこととしてとらえられた。

　ハリウッドのメジャーと呼ばれる大規模スタジオが制作する大作映画には、

有名俳優の起用、特殊効果の使用、ロケーションの実施などにともない、巨額の制作費が投入される。その制作費を回収した上で収益を計上するために、さらに巨額の興行収入を得ることが期待される。

　こうした事情から、ヒット映画が1本現れると、その続編にはある程度の収益が見込めるため、成功作はシリーズ化が図られることになる。*Star Wars*（『スター・ウォーズ』）を始め、*Superman*（『スーパーマン』）や*Harry Potter*（『ハリー・ポッター』）はその典型といわれる。あるいは過去のヒット作のリメイクがおこなわれることもある。と同時に、他社のヒット作を模倣した作品も制作されることになる。

　Nancy Wang Yuen は、「もし映画が興行的に失敗すれば、映画会社は、数百万ドルの損失をこうむることになる。したがって、ハリウッドは過去のヒット作、形式、有名俳優に甚だしく依存することになる。こうしたリスク回避の体質は、人種的バイアスを伴って代々受け継がれていく」と指摘している[48]。

　第2章では、広告収入を最大化させるために可能な限り多くの視聴者を得ようとしてテレビ番組が定型化することを述べたが、それと同様のことが、映画の制作においても生じるといえる。

　シリーズ化されたものだけでなく、単発作品でも、一般に、映画作品が大衆的人気を得てヒットするためには、誰もが理解でき、どういう映画なのか人に語ることができるように、「わかりやすい」内容であることが鉄則となる。難解で「芸術的」と呼ばれる内容の映画は、興行収入の点では苦戦すると考えられる。

　その結果、映画の作品性よりも興行収入が優先され、有名俳優を起用することが求められるなど、制作者にとっては、制作の自由度が削がれるといえる。Netflix が制作者の自由を尊重すると標榜したのは、こうしたハリウッド・メジャー式の制作方式に異を唱えるものともいえ、興行収入や有名俳優ではなく、作品の芸術性を優先させようという姿勢とも受け取れた。

　Netflix が制作し、2019年にアカデミー賞で3部門において受賞した、Alfonso Cuarón（アルフォンソ・キュアロン）監督の *ROMA*（邦題

『ROMA/ローマ』は、こうした作品性重視の姿勢を象徴する映画だったといえる。メキシコの一家とその家政婦の日常を描く物語で、カラーではなく敢えてモノクロで撮影され、秀逸なカメラワークを際立たせる作品となっている。クリエイターの個性を尊重する映画であるといえる。

　Netflix がオリジナル・コンテンツの制作を本格化させたのは 2013 年頃からのことであるが、その後、映画やテレビの栄誉ある賞を受ける作品が続出した。2018 年のベネチア映画祭では、金獅子賞（グランプリ）を、ROMA が獲得した。同じく Netflix 制作による Coen Brothers（コーエン兄弟）監督の The Ballad of Buster Scruggs（邦題『バスターのバラード』）は脚本賞を受賞した。そして、同年 9 月のエミー賞では、Netflix は合計受賞数 23 でケーブルテレビ局 HBO と並ぶ最多受賞となり[49]、ノミネート数では、それまで 17 年間トップだった HBO を抜いて首位に立った[50]。

　Netflix は、2019 年には、全世界でのコンテンツ調達の予算として、150 億ドルを投入するともいわれる[51]。Netflix がこうした巨額の経費をかけて、かつ収益が見込めるかどうかはわからない芸術性の高い作品を制作することができるのは、ロングテールの概念が背景にあるからといえる。一つひとつの作品の視聴が少なく、充分な収益が得られなくても、定額制であるため、1 作ごとの視聴の多寡は収益には直接の影響はない。当面は、そのサイトに優秀な作品が集まっているという評判が得られればよく、その評判につられてサイトを訪れる人がいれば、仮にその作品そのものの視聴は多くなくても、宣伝効果を発揮したことになる。訪れた人びとのうちから会員となる人が現れれば、定額制で毎月料金を払い続けるため、やがて、収支がバランスする可能性がある。一方、ハリウッド・メジャーのビジネスモデルでは、1 作ごとに経費の回収と収益の獲得が追求される。Netflix や Amazon のオリジナル制作は、単にそれまで門外漢だった企業が映画制作に乗り出したということとは異なる意義があるといえる。

　エミー賞にノミネートされることが、その映像コンテンツの内容に関する高評価を表すとするならば、Netflix は今や、その制作するコンテンツへの評価

において、アメリカの4大ネットワークすなわちNBC、FOX、CBS、ABCを凌駕している。2019年のノミネート数では、HBOが137で首位に返り咲いたが、Netflixも118で2位となり、HBOと並んで頂点を争う存在になっている[52]といえる。ただし、巨額の経費をかければ必ず良質の作品ができるという保証はない。作家性が強いあまり独りよがりの作品となる懸念も存在する。Netflixによるオリジナル・コンテンツ制作の推進が、結局は宣伝と集客を目的としたものに留まるのか、それとも真に創造性に富んだ良質のコンテンツを送りだし続けるのか、今後の帰趨が注目される。

グローバリゼーションの進展

　NetflixやAmazon Videoがもたらしたもう一つの革命的事象は、国際展開である。

　1980年代に衛星放送が実用化されるまで、テレビの放送波（地上波）は、ほとんどの場合、自国内向けにしか送られなかった。したがって、テレビ放送はそれぞれの国の地域性を色濃く反映したものとなった。もちろん、番組が輸出されたり輸入されたりすることによって、国際的にコンテンツが流通することはあったが、国際放送として特に海外向けに放送する場合を除き、テレビ番組は簡単に国境を越えて流通するメディアではなかった。

　それが、衛星放送の普及に伴い、スピルオーバーといわれる放送波の越境によって、隣国の放送を視聴できるようになる場合が発生した。その結果、先進資本主義国の繁栄ぶりをテレビ放送で知った東欧の共産主義国で次々に政権が倒れるという現象が生じたといわれる。ただし、これは放送波がたまたま他国にも届いたというだけのことで、本来のことではなかった。また、CNN、MTV、アルジャジーラなど、国際的に放送を展開する放送局はあった。しかし、Netflixのように、オンデマンド配信によるサービスはなかった。

　Netflixは、国ごとにその国の言語と料金体系によるサービスを構築してサイトを開設するというやり方で、世界各国に進出した。その国際展開は、自然発生的な伝播によるものや、衛星放送のスピルオーバーのように偶発的なもの

ではなく、計画的なものだった。

Netflixの海外展開戦略

　Lobatoによれば、Netflixの海外展開は、いくつかの段階に分けて実施された[53]。

　まず戦略的に最も重要な市場であるカナダと中南米が最初の進出先となった。カナダは国民所得も高く、英語が主要な言語であり、アメリカとよく似た市場であるため、Netflixの主要なコンテンツであるハリウッド製の映画や人気テレビ番組の格好の市場だった。中南米は英語圏ではないが、中産階級が多く、ケーブルテレビが普及しており、有料放送に馴れ親しんでいた。したがって、アメリカで起きたようなコードカットすなわちケーブルテレビからの乗り換えが大規模かつ容易に発生することが期待できた。

　Netflixは続いて、西ヨーロッパ諸国、日本、オーストラリアに進出した。これらのほとんどの国で、Netflixは地元の回線事業者やインターネット・サービス・プロバイダと提携し、コンテンツも調達した上で、サービス開始と同時にプロモーションを展開した。

　そして、2016年1月のCES（Consumer Electronics Show）において、その他の国々に向けてもサービスを展開し、世界中をマーケットとする予定であると発表した。Netflixの創立者でありCEOのReed Hastingsは、この時、次のように語った。

　　　あなたがSydney（シドニー）にいようとSaint Petersburg（サンクト・ペテルブルク）にいようと、あるいは、Singapore（シンガポール）にいようとSeoul（ソウル）にいようと、Santiago（サンティアゴ）にいようとSaskatoon（サスカトゥーン）にいようと、あなたは今やインターネットテレビ革命の渦中にいることができる。もはや待つ必要はない。あなたが決めたのではないスケジュールにしたがって視聴する必要はない。もはや、いらいらすることはない。Netflixがある[54]。

オーストラリアにおける Netflix のサービスは、極めて急速かつ広範に普及した。1年足らずで Netflix は、オーストラリアで20年以上前から放送をおこなっていた有料テレビ Foxtel と同等の加入者を集めた[55]。2017年時点では、ほぼ3人に1人のオーストラリア人が Netflix に加入しているという[56]。Lobato は、一国のメディア市場が、これほど早く徹底的にさまざまなレベルで他国のメディア企業の侵入によって変貌した例は他にないと評している[57]。

2017年には、Netflix のアメリカ国外における加入者が初めてアメリカ国内のそれを上回った[58]。2019年第1四半期において、全世界における Netflix の加入者は1億4,800万人以上、そのうち、アメリカ国内がおよそ6,000万人である。したがって、加入者の半分以上がアメリカ以外の国によって占められており、その比率は上昇を続けていることになる[59]。第1章で述べたように、2010年代に、Netflix はアメリカの一国内会社から国際的大企業へと成長したといえる。

アジアにおける配信プラットフォームの競合

オーストラリア、カナダなど英語圏では圧倒的な浸透力を示した Netflix であるが、その他の国々、特にアジアの日本、中国、インドでは、2019年時点で確固たる地歩を固めるには至っていない。これには、それぞれの国に特有の事情が介在していると考えられる。

では、まず、日本の事情はどうか。Netflix が2015年に事業を開始した当時、日本では、鳴り物入りで喧伝され、「黒船到来」と騒がれた。以来、4年ほどが経過したが、Netflix は圧倒的なシェアを獲得してはいない。2019年5月にインプレスがおこなった調査によれば、日本国内における有料動画配信サービスの利用率（複数回答）は、首位 Amazon Prime Video で62.7%（前年53.6%）、2位 Hulu（日本法人）14.7%（前年17.3%）、3位 Netflix10.5%（前年10.9%）となっている（4位以下は省略）。

Amazon のみが大きくシェアを伸ばす一方、他の事業者は減少もしくは横ばいである。アメリカでは、Netflix が首位で Amazon が2位、Hulu が3位

であるのに対し、日本はちょうど逆順になっている。なお、Amazon Prime Videoは、日本では、アマゾン・プライム会員であれば、自動的に加入し、動画が視聴できることになるので、必ずしも動画視聴だけが目的で加入したわけではない人たちの数字が含まれていることも考慮すべきである。

　Netflixが日本で苦戦している理由はいくつか想定されている。その一つは、広告を収益基盤として無料で視聴できる民間放送に視聴者が馴れ親しんできたことにより、有料サービスへの加入に抵抗感があることだといわれる。この点で、プライム会員の特典として付与されるAmazonの動画視聴権は有利に作用すると考えられる。また、もう一つ、日本においてはHuluが日本テレビに買収されて日本法人となり、日本人に馴染みの深い民間放送各局のテレビ番組などを配信していることも挙げることができるだろう。日本では、Netflixが主力とするハリウッド製の映画やテレビドラマを熱心に視聴する人びとは限られていると考えられるからである。

　次に、中国はどうか。中国は主要国においてNetflixが本格的に進出していない唯一の国である。その背景には、中国における複雑なインターネット規制があるといわれる。また、中国ではBaidu（百度）、Alibaba（阿里巴巴集団）、Tencent（騰訊）という自国の巨大プラットフォーム事業者（それぞれの頭文字をとってBATと称される）が動画配信事業を展開し、既に市場を支配している[60]。Netflixは結局、Baidu傘下の動画配信事業者iQIYI（愛奇芸）と提携し、Netflixのオリジナル・コンテンツの中国での配信を任せるに至った。ここにおいて、Netflixは中国への展開を断念したとみなされている[61]。

　インドはどうか。Lobatoは、インドでNetflixが浸透しない原因は、映画産業が発達していることに加え、価格設定にもあるとしている[62]。低所得層の人びとは家庭内にインターネット回線がなくコンテンツをUSBやハードディスクで貸し借りしているという国において、高額の配信サービスへの出費はたやすいことではないとLobatoは指摘する。現状では、アメリカ企業のNetflixはインドにおいては現地の状況に適応できていないといえる[63]。

　サブスクリプション（定額課金）による有料動画配信の場合、利用者は一つ

のサービスに加入したら、他のサービスにも加入することは多くないと考えられる。日本でのデータではあるが、調査会社のニールセンによれば、2019年1月時点で、Netflixの利用者でAmazon Prime Videoを併用している人は26％であり、前年の32％から減少しているという[64]。この変化は、映画やテレビ番組の視聴に熱心なアーリー・アダプター（初期からの利用者）であれば、複数のサービスに加入することを厭わないが、利用者の層が広がるにつれ、どれか一つのサービスで充分と考える人が増えることを示しているとも考えられる。その結果、有料動画配信事業者によるパイの奪い合いが地球規模で激しくなる。NetflixとAmazonだけでなく、AppleやDisneyも映画やテレビ番組の配信に参入し、さらに中国の事業者も国際展開を強化することになれば、世界各地で一層熾烈な競争が繰り広げられる可能性がある。

Transborder（トランスボーダー）からTransnational（トランスナショナル）へ

　Claire PerkinsとConstantine Verevisは、テレビ番組の国際展開において、他国へ輸出されたテレビ番組がリメイク（改編）される過程は、一方的な文化の同質化というよりも、それぞれの国の文化が互いに影響し合う間主観的なものであると述べている[65]。

　インターネット動画は世界中に配信することが可能であり、全世界の視聴者を対象とすることができるとはいえ、人びとは自国のコンテンツを好んで視聴する傾向があると考えられる。したがって、アメリカ製コンテンツが浸透しやすい英語圏以外の国々では、その国の言語や風習に合わせたオリジナル・コンテンツをその国のスタッフ（制作者）が制作したほうが、動画配信は展開しやすいといえる。

　Netflixは、それぞれの地域の視聴者の嗜好に沿うように、アメリカ以外の国でのオリジナルを制作しているといわれる。インドで制作された映画やトルコで制作されたテレビドラマシリーズなど、言語も通貨もジャンルも、その国の特性に合わせて制作しているという。ここでは、グローバリゼーションとの

合体というローカリゼーションの合体という新たなコンテンツ制作の形態が出現しているといえる。これまで、Transborder（トランスボーダー）すなわち国境を越えるということを主眼としておこなわれてきた映像コンテンツの国際展開が、インターネット動画メディアにおいては、Transnational（トランスナショナル）すなわち国家の枠組みを越えておこなわれるようになりつつあるといえる。

　Netflixは日本でのサービス開始にあたって、日本のコンテンツを調達することに力を入れ、オリジナルコンテンツの制作にも乗り出した[66]。そして、日本進出早々に、芥川賞受賞作を原作とするオリジナルドラマ「火花」を制作して話題を呼んだ。

　今後、NetflixやAmazonがおこなう現地オリジナルの制作が、新たな文化の混淆とこれまでにないコンテンツを生み出す可能性もあり、その動向が注目される。

第 5 章
動画コンテンツの共有

参加型文化と YouTube の成長

　従来の伝統的マスメディアとインターネット動画メディアとの大きな相違は「共有」という特性にある。Lev Manovich は、Instagram についての著書において、「この共有という行為は、私が知る限り、メディアの歴史において、同等のものは存在しない」と記している[67]。

　動画メディアにおいては、視聴者が制作者となって映像コンテンツを投稿し、他の制作者が視聴者となる。制作者と視聴者が「共有」の場を介して溶融する、こうした現象は、テレビではほとんど不可能だったことは第 1 章で述べたとおりである。

　Henry Jenkins は、その著 *Convergence Culture: Where Old and New Media Collide* において、participatory culture（参加型文化）という語を定義し、「ファンや消費者が新たなコンテンツの創造と流通に能動的に参加するよう招聘されている文化」であるとした[68]。この参加型文化の中心的存在となっているのが YouTube である。Burgess と Green は、「参加型文化こそがYouTube のコアビジネスである」[69]と述べている。そこには、共同体（コミュニティー）の形成や開放性（開かれていること、つまり誰でも参加が可能であること）といった理念が埋め込まれているという。

　OMNICORE のデータによれば、YouTube は、88 か国に、76 の言語で提供されている[70]。また、2016 年には、1 日あたりの総視聴時間が 10 億時間を突破した。この 10 億時間分の動画を一人で全部見ようとすると 10 万年かか

ると YouTube のオフィシャルブログは記している[71]。2017年には、アメリカにおけるアンドロイドスマートフォンでの主要ビデオ視聴アプリの使用時間量のうち、およそ80％をYouTubeが占めるとも伝えられた[72]。

特筆すべきことは、アメリカではYouTubeは若年層の利用者が他のソーシャル・ネットワーキング・サービスよりも多いことである。Pew Research Centerが2018年3月7日から4月10日にかけておこなった調査によれば、アメリカにおける13歳から17歳までの年層が利用するソーシャル・ネットワーキング・サービスの比率は、Twitterが32％、Facebookが51％であるのに対し、Snapchatが69％、Instagramが72％、YouTubeは最も高い85％に達する[73]。

初期のYouTubeにおける動画は、画質も悪く、大画面でのコンテンツの鑑賞に耐えうるものではなかった。したがって、YouTubeが成功をおさめた要因は、その技術的優位性というよりも、そのコンセプトの優位性すなわち利用者参加型文化を創成するという、まったく新しいパラダイムにあったのだといえる[74]。

これらのことを背景として、YouTubeにおいては、コンテンツのジャンルにも、伝統的マスメディアとは異なる形態が出現している。

YouTubeにおける動画の諸形態

YouTubeへの動画投稿はchannel（チャンネル）を介してなされる。チャンネルとは、一般に向けて公開された制作者のアカウントを指し、数多くの動画を置いておくことができる。Louisa Haらの調査によれば、YouTube利用者の69％がチャンネル登録をおこなっているという。Haは、これらのチャンネルを、ブランドチャンネルとYouTube純正チャンネルに分けている[75]。前者は、制作者がプロフェッショナルで、企業が運営するチャンネルである。後者は、制作者がアマチュア（動画を投稿することによって生計を得ているYouTuberを含む）で、個人が運営するチャンネルである。

YouTubeにおけるチャンネルの厳密な分類は困難ではあるが、YouTubeの

サイトにおいては、チャンネルは、次の 11 のカテゴリー（括弧内は日本語サイトでの呼称）に類別されている。すなわち、Best of YouTube、Creator on the Rise（急上昇クリエイター）、Music（音楽）、Comedy（コメディー）、Film & Entertainment（映画とエンタテイメント）、Gaming（ゲーム）、Beauty & Fashion（美容とファッション）、Sports（スポーツ）、Tech（テクノロジー）、Cooking & Health（料理と健康）、News & Politics（ニュースと政治）である。これらのうち、Best of YouTube と Creator on the Rise（急上昇クリエイター）は、他のジャンルから動画を選別した、いわゆる「まとめチャンネル」である。

一方、ソーシャル・ネットワーキング・サービスに関する各種の統計を掲載している SOCIALBLADE は、YouTube のチャンネルを、channel type（チャンネルタイプ）と呼称する 16 のカテゴリーに類別している（以下、括弧内は筆者訳）。すなわち、AUTO & VEHICLES（車）、COMEDY（コメディー）、EDUCATION（教育）、ENTERTAINMENT（娯楽）、FILM（映画）、GAMING（ゲーム）、HOW TO & STYLE（ハウツー）、MUSIC（音楽）、NEWS & POLITICS（ニュースと政治）、NONPROFIT & ACTIVISM（非営利活動）、PEOPLE & BLOGS（人とブログ）、PETS & ANIMALS（ペットと動物）、SCIENCE & TECHNOLOGY（科学技術）、SHOWS（番組）、SPORTS（スポーツ）、TRAVEL（旅行）である。これらの類別の根拠は特に示されておらず、動画によっては、複数の類別にあてはまりうる場合もあると考えられるが、YouTube における動画にどのような類別があると認識されているのかを知る手がかりとはなる。

表 5-1 は、SOCIALBLADE のデータに基づき、YouTube における登録者数が多いチャンネル上位 30（2019 年 7 月 1 日時点）について、そのチャンネルタイプを集計したものである。

また、図 5-1 は、同じく SOCIALBLADE のデータに基づき、YouTube における登録者数が多いチャンネル上位 30（2019 年 7 月 1 日時点）について、そのチャンネルタイプごとに合計登録者数の比率を算出したものである。

表 5-1　YouTube 上位 30 チャンネルにおけるチャンネルタイプの分布[76]

チャンネルタイプ	チャンネル数
Music（音楽）	10
Entertainment（娯楽）	8
Sports（スポーツ）	3
Gaming（ゲーム）	3
Comedy（コメディー）	2
Film（映画）	1
Howto（ハウツー）	1
Education（教育）	1
News（ニュース）	1

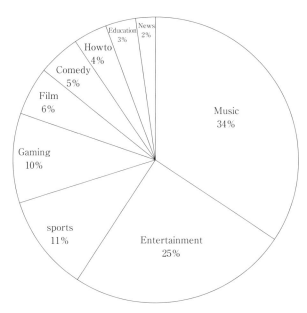

図 5-1　YouTube 上位 30 チャンネルにおけるチャンネルタイプごとの合計登録者数の比率

なお、表および図のチャンネルは、他のチャンネルから選別した動画をまとめた、いわゆる「まとめチャンネル」を含んでいる。上位30チャンネルのうち「まとめチャンネル」は五つある。その五つとは、Music（音楽）、YouTube Movies（映画）、Gaming（ゲーム）、Sports（スポーツ）、News（ニュース）である。

チャンネルタイプ内のチャンネル数、合計登録者数共に、Music（音楽）とEntertainment（娯楽）が1位と2位になっている。両者を合わせると、チャンネル数では全体の60％、登録者数では59％に達する。

表5-2に、SOCIALBLADEのデータに基づき、2019年7月時点[77]でのYouTubeにおける登録者数が多い順に、上位10チャンネルを示す。

表5-2　YouTubeにおける登録者数上位10チャンネル

順位	チャンネル名	登録者数	チャンネルタイプ
1	Music	106,990,633	Music（音楽）
2	T-Series	104,730,148	Music（音楽）
3	PewDiePie	97,331,095	Entertainment（娯楽）
4	YouTube Movies	84,504,653	Film（映画）
5	Gaming	82,698,081	Games（ゲーム）
6	Sports	75,618,794	Sports（スポーツ）
7	5-Minute Crafts	58,090,946	Howto（ハウツー）
8	Cocomelon - Nursery Rhymes	52,782,416	Education（教育）
9	SET India	51,164,925	Entertainment（娯楽）
10	Canal KondZilla	50,366,653	Music（音楽）

表に示した順位のうち、1位、4位、5位、6位が「まとめチャンネル」である。上位10チャンネルのチャンネルタイプでは、Music（音楽）が1位、2位、10位、Entertainment（娯楽）が3位と9位に位置しており、両者が中心的な存在であることに変わりはない。一方、Film（映画）、Games（ゲーム）、Sports（スポーツ）、Howto（ハウツー）、Education（教育）が、4位

から8位までにランクインしており、それぞれ有力なチャンネルタイプであることを示してもいる。

　Alyssa Fisher らの調査によれば、YouTube を視聴する目的の第1は娯楽であり、第2は学習であるという結果が得られている[78]。上位30チャンネルが属するチャンネルタイプ群を、仮に娯楽系と学習系に仕分けするとすれば、Music（音楽）、Entertainment（娯楽）、Sports（スポーツ）、Games（ゲーム）、Comedy（コメディー）、Film（映画）が娯楽系、Howto（ハウツー）、Education（教育）、News（ニュース）が学習系となるだろう。

　以下、まず、娯楽系のチャンネルタイプ群におけるチャンネルについて、次いで、学習系のチャンネルタイプ群におけるチャンネルについて考察する。

娯楽系動画＝音楽、映画、スポーツ

　上位30チャンネルにおいては、音楽のチャンネルタイプが、チャンネル数、合計登録者数とも最も多い。Ha は、YouTube は音楽を無料で聴くための便利な場所となっていると評している[79]が、この結果はそれを裏付けている。

　次いで、チャンネルタイプごとに上位の各チャンネルの内容を検討する。

　まず、音楽のチャンネルタイプについて。1位の Music は「まとめチャンネル」で、最新のヒット曲を視聴することができる上に、よく聴くジャンルやミュージシャンを自分の好みにあわせてカスタマイズしたプレイリストをつくることもできる。2位の T-Series はインドのチャンネルである。インドはボリウッド（インド版のハリウッド）と呼ばれるように映画産業が発達している。T-Series はその映画音楽（サウンドトラック）やポップミュージックのレーベルであり、映画制作会社でもある。映画と音楽の双方を有しているため、動画の制作および配信には有利だったと考えられる。SOCIALBLADEでは音楽に類別されているが、音楽と共に映画も配信している。2016年以降、インドでの 4G の普及と共に急速に登録者数を増加させた。同じく音楽に類別されている10位の Canal KondZilla は、ブラジルの映像作家 KondZilla のチャンネルである。ファンキなどブラジル音楽のミュージック・ビデオを配信して

いる。この場合も、単に音楽を聴かせるのではなく、T-Seriesと同様に、音楽と映像が相乗効果を発揮していると考えられる。なお、10位までにはランクインしていないが、単独のミュージシャンとしては、Justin Beaver（ジャスティン・ビーバー）、Eminem（エミネム）、Taylor Swift（テイラー・スウィフト）が多くの登録者を有している。これらのチャンネルでは、動画は、アーティストのプロモーションの手段にもなっており、新曲のリリースやコンサートに合わせてアップロードされることが多い。

　次に娯楽のチャンネルタイプについて。3位のPewDiePieは、娯楽のチャンネルタイプに類別されているが、動画の内容はゲーム実況が主である。ただし、単なる実況ではなく、笑いの要素を盛り込んだ手法を用いていることからエンタテインメント性が強いと判断されて、娯楽に類別されたと考えられる。9位のSET Indiaは、Sony Entertainment Televison（India）の略称で、その名が示すとおり、テレビ番組の配信をおこなうチャンネルである。以上の二つの例から、SOCIALBLADEの娯楽というチャンネルタイプは、本来、他のチャンネルタイプに属するチャンネルについて、娯楽性が特に強いと判断したものをこのチャンネルタイプに仕分けしていると推察される。

　次に映画のチャンネルタイプについて。4位のYouTube Moviesは有料で映画とテレビ番組を配信している。作品には無料で視聴できるプレビュー（予告編）が付いていることが通常である。

　次にゲームのチャンネルタイプについて。5位のGamingはゲーム実況だけでなく、ゲームのレビュー、攻略法、ゲーム関連のニュースも配信する。

　次にスポーツのチャンネルタイプについて。6位のSportsは競技ごとのサブチャンネルも設けた、「まとめチャンネル」で、さまざまなスポーツのハイライトや実況を配信している。「まとめチャンネル」以外では、WWE（World Wrestling Entertainmentが運営するプロレス専門チャンネル）やDude Perfect（バスケットボールのチームメイトだったアマチュアが超絶的な技巧を見せたり面白い工夫をしてスポーツを楽しんだりするチャンネル）が多くの登録者を得ている。

次に、コメディーのチャンネルタイプについて。SOCIALBLADE において、コメディーと娯楽とがどのように区別されているのかは明示されていないが、コメディアンが配信するチャンネルの場合、コメディーに類別される傾向があるように見受けられる。10 位までにはランクインしていないが、このチャンネルタイプでは、ブラジルのコメディアンであり歌手である whinderssonnunes やスペイン出身で本来はゲーム実況が主である elrubiusOMG が多くの登録者を得ている。

学習系動画＝ハウツー、教育、ニュース
　娯楽系動画に比して、学習系動画のチャンネル登録者数は相対的に少ない。SOCIALBLADE のデータによる上位 30 位までのチャンネルにおけるチャンネルタイプでは、ハウツー、教育、ニュースにそれぞれ一つずつランクインするに留まっている。
　以下、チャンネルタイプごとに上位チャンネルの内容を検討する。
　まず、ハウツーについて。
　料理や家の修理など、なんらかの事項をわかりやすく解説する、いわゆるハウツー動画は、インターネット動画メディアの特性を体現したコンテンツであるといえる。多くのアマチュアが自分の持つノウハウを動画によって解説し、他の人びとのニーズに応えるという、共有の特性が活かされているからである。YouTube はこの点で、（動画による）ウィキペディアとして機能しているという指摘もある[80]。登録者数ランキング第 7 位の 5-Minute Crafts は、さまざまなノウハウを紹介する動画を配信している。効率的な作業の仕方や思いがけない材料の利用法など、いわゆる「生活の知恵」に類する内容の動画も多く含まれている。動画であることの利点を最大限に活かし、ほとんどの動画が映像だけを見て理解できるように制作されている。
　次に、教育について。
　SOCIALBLADE における教育チャンネルタイプの基準は判然としないが、第 8 位に Cocomelon - Nursery Rhymes がランクインしている。Nursery

Rhymes とは童謡のことで、このチャンネルでは、アニメーションによる童謡の動画を配信している。もともとは、ABCkidTV という名称だったことから窺えるように、子どもたちにアルファベットを教えることも目的としており、動画に付けられた字幕は歌に合わせて文字が色付けされるように造られている。このことが、このチャンネルがSOCIALBLADEにおいて教育のチャンネルタイプに類別されている要因であると考えられる。一方、このチャンネルが多くの登録者数を集めている背景には、幼い子どもたちに親や保育士が童謡を聴かせるというニーズがあることを示すという指摘もある[81]。

次に、ニュースについて。

SOCIALBLADE のランキングでは、News が30位以内にランクインしているが、これはさまざまなニュース動画を集めた、「まとめチャンネル」である。Ha は、YouTube においては、人びとの日常を扱ったニュースや娯楽性の高いニュースのほうが、視聴数が多い傾向があると指摘している[82]。インターネット動画メディアにおいては、ニュースは生（ライブ）だけでなく、オンデマンドでも視聴できる。そして、大事件ばかりでなく、些細な日常の出来事もニュースの範疇で配信されうる。娯楽性の高いニュースが視聴されるということは、オンデマンド配信によってニュースを視聴する理由が、出来事をリアルタイムで視聴するためではなく、ニュースの時事性がさほど重視されないことにも起因すると考えられる。

最後に、科学技術（SCIENCE & TECHNOLOGY）について。

SOCIALBLADE のデータでは、このチャンネルタイプで 30 位までにランクインしているチャンネルは無い。したがって、登録者数は他のチャンネルタイプに比べて多くないということになるが、多くの人の疑問を解く解説をおこなうという点では、動画版ウィキペディアの一角を占める存在であるといえる。ウクライナ生まれの Taras Kulakov が「缶切り無しで缶を開ける方法」など、さまざまな知識を動画で解説する CrazyRussianHacker が比較的登録者が多い。このチャンネルはハウツーのチャンネルタイプにも類別され得るが、簡単な科学実験をおこなう動画も配信されているために、科学技術のチャ

ンネルタイプに類別されていると考えられる。カナダ人の Mitchell Moffit と Gregory Brown が運営し、「このドレスは何色に見えるか」を問う動画などで知られる AsapScience も比較的多くの登録者を得ている。このチャンネルの動画は、ホワイトボードに描かれたポップなイラストレーションをアニメーション化して、科学知識をわかりやすく解説する点が特色である。

広告が単なる宣伝ではなくコンテンツになる

　YouTube において、動画を広告の手段とする方法は大きく分けて三つある。一つは動画と共に表示される広告で、ディスプレイ広告、オーバーレイ広告、スキップ可能な動画広告、バンパー広告など、さまざまなフォーマットがある[83]。もう一つは、投稿者と企業が提携するパートナー広告動画である。残る一つは、ブランドプロモーションチャンネルである。以下、これらの3者について述べる。

　動画と共に表示される広告のうち、スキップ可能な動画広告は、YouTube では、True View インストリームと呼ばれる。これは、本編の前あるいは途中に挿入される動画広告で、広告の再生開始後5秒が経過すれば、表示をクリックすることで、スキップ（後を省略）し、本編の動画再生を開始あるいは再開することが可能なフォーマットである。このフォーマットにおいては、広告に興味を抱かれなければ、5秒経過後にスキップされてしまう。したがって、最初の5秒をいかに面白く作り、後を飛ばされないようにするかが重要になる。

　パートナー広告動画とはスポンサー動画とも呼ばれる形態である。YouTube 動画の制作者として人気のある人物と企業とが提携してチャンネルを運営する。

　ブランドプロモーションチャンネルとは、ブランドマーケティングチャンネルとも呼ばれる形態である。たとえば、NIKE（ナイキ）や Red Bull（レッドブル）などの企業がスポーツに関連する動画を配信しながらも、その目的は明確に自らのブランドイメージを向上させることにあるチャンネルを指す。

　インターネット動画メディアの双方向性によって、広告動画の制作者は、視

聴者がどれくらい長く動画を見続けたかを把握できる[84]。そして、そのデータを元に、広告の内容や出稿先を修整することができる。

　広告動画は、広告として制作された動画であるという点で、伝統的マスメディアであるテレビでのCMと類似しているようにみえる。しかし、両者の間には、決定的な違いがある。テレビのCMは通常30秒ないし1分という放送枠に収められるように定式化されている。それに対し、インターネット動画メディアにおける広告動画は一定の決まった長さに収めるという束縛はない。したがって、5分間という長さで物語性の強い内容の広告動画も存在しうる。

　その一方、YouTubeにおける広告動画を視聴する人は利用者の20％程度にすぎないという調査がある[85]。また、多くの広告は冒頭部分が面白いかどうかが視聴され続けるか否かの分かれ目といわれる。Kisun KimとClaire Youngnyo Joaは、広告が視聴されるかどうかの鍵は、娯楽性と関連性にあると述べている[86]。

　これらのことから、インターネット動画メディアにおける広告は単なる商品の宣伝ではなく、作り込まれたコンテンツになる傾向があると考えられる。広告動画の中には、大勢の映画俳優が出演する大作であって、物語がいくつかの動画に分割され、すべて視聴して初めて全貌を把握できるように作られるものも存在しうる。

共有の典型　「ビデオブログ」と「商品レビュー」

　YouTubeが一般の人びとが動画を投稿できるシステムをつくったことは、プロフェッショナルではないアマチュアの制作者の参加を呼び、これまでにない新たな形式のコンテンツを産み出した。映画およびテレビについて述べたように、伝統的マスメディアにおいてプロフェッショナルが制作する映像コンテンツは、その制作体制や収益化への圧力のために定式化し、その結果、常識を覆すような革新的なコンテンツが生まれる余地は少なくなるとも考えられる。ところが、YouTubeの出現とカメラや動画編集アプリケーションを搭載したスマートフォンの普及は、アマチュアでも動画を制作し、投稿することを容易

にした。その結果、アマチュアならではの、過去の縛りにとらわれない自由な発想のコンテンツが生まれたのである。

その中でも、共有という特性を具現化したコンテンツの代表的な例としては、video blog（ビデオブログ）と product review（商品レビュー、特に箱や袋を開けて中身を取り出して見せる動画は Haul Video とも呼ばれる場合もある）が挙げられる。以下、それぞれについて述べる。

・ビデオブログ

ビデオブログとは、日常生活の様子を映像で見せるコンテンツである。YouTube における初期のヒットである *Charlie bit my finger*（『チャーリーがぼくの指を噛んだ』、2007 年）や *David after dentist*（『歯医者に行った後のデイヴィッド』、2009 年）といった動画は、ふつうの人びとの日常に起こる出来事を記したものだった。多くの人びとがこのアイデアを発展させ、人生のすべてをありのまま見せるという形式の動画を配信している[87]。それらの中には、アマチュアだけでなく、映画スターやテレビタレントなど、いわゆる celebrity（有名人、セレブ）と呼ばれる人びとが、日常を紹介する動画もある。また、こうした個人的な生活を紹介する動画のうちには、自分のうちに秘めていた隠し事を告白するカミングアウト動画も存在する。

・商品レビュー

インターネット動画メディアにおいて、最も「共有」という特性を反映しているジャンルの一つは、商品レビューであるといえる。商品レビューは音楽や映画と並んで、YouTube を利用する主たる理由の一つであるという研究もある[88]。この形式を用いた動画を配信するチャンネルでは、カナダ人の Lewis George Hilsenteger が運営する Unbox Therapy が多くの登録者を有している。これは、iPhone などの最新の電子機器（ガジェットと呼ばれる）を購入し、その製品が入った箱を開けて中身を取り出し、製品を批評するという内容である。

新たなジャンルの形成 「ゲーム実況」と「ビューティー＆ファッション」

　伝統的マスメディアであるテレビでは、それほど多くの視聴者を集めることの無かった形式のコンテンツが、インターネット動画メディアではヒットコンテンツとなる場合がある。その典型が、Video game live streaming（ゲーム実況）と Beauty & Fashion（ビューティー＆ファッション）である。以下、それぞれについて述べる。

　・ゲーム実況

　　ゲーム実況は、狭義には、ゲームプレイをリアルタイムで配信することと考えられるが、ここでは、ゲームプレイを録画して編集した後、配信することも含めて扱う。テレビ放送にもゲーム実況の番組は存在するが、成功していないとされている[89]。それに対し、YouTube では多くの視聴者を集めている。その理由は、ゲームはいつ終わるかの予測は難しいため、時間枠にとらわれないインターネット配信に向いていたことにあると考えられる。また、単にゲームを実況するだけでなく、インターネット動画メディアが有する双方向性によって、まず、他の制作者によるゲーム攻略法を視聴者として学び、今度は制作者となって自分のゲームプレイを録画して面白く編集し投稿するという一連の行為を実現できることが特徴であるとも指摘されている[90]。

　　ゲーム実況に特化したサービスとしては、Amazon 傘下の Twitch が有力である。YouTube においては、ゲーム実況の視聴者と投稿者の多くは男性であるといわれる。ゲーム実況のコンテンツとしての特徴は、ゲームの内容そのものだけではなく、投稿者がゲームをする時のしぐさや反応が醸しだす楽しさやおかしさにある。YouTube Gaming において、登録者数が上位のチャンネルは、ほとんどが個人運営でゲーム会社が運営するブランドチャンネルではないことも、この特徴を裏付けるといえる。

　・ビューティー＆ファッション

　　ビューティー＆ファッションのジャンルに属するコンテンツとしては、化粧法や美容製品のレビューなど美容に関する情報を投稿者の実践に基づ

いて紹介するビューティー・ブログ、服飾に関する情報を提供するファッション・ブログ、生活法全般を指南するライフスタイル・ブログなどが挙げられる。テレビ放送においても、美容法や化粧品の紹介をするコンテンツは、女性向け教養番組あるいは情報番組として存在するが、ドラマやニュース番組に伍するほどの視聴率は得られていない。インターネット動画メディアにおけるビューティー＆ファッションは、化粧法を扱うという点ではハウツーの要素を有し、製品を批評するという点では商品レビューの要素を有している。ただし、投稿者のライフスタイルに対する視聴者の共感が根底にある点が、単なるハウツーや商品の紹介とは異なると考えられる。

YouTubeにおけるヒット動画の傾向と映像メディアの機能代替

　YouTubeにおける登録者数上位チャンネルの傾向をみるかぎり、インターネット動画メディアにおけるヒットコンテンツは、ユーモアや笑いなど面白さを重要な要素として備えているといえる。このことは、YouTubeの視聴理由の第1が娯楽であり、リラックスして楽しみながら動画を見たいという視聴者のニーズに適合した現象であるといえる。このことはまた、テレビからインターネット動画へという映像メディアの転換が、娯楽というテレビにおける重要な機能をも代替しつつあることを示しているとも考えられる。

　機能代替が生じているのは、娯楽だけではない。『映像メディア論』で述べたとおり、メディアの転換において、前のメディアは次のメディアに取り込まれて、次のメディアのコンテンツとなる[91]。初期のテレビ番組はラジオや映画のコンテンツを吸収した。この時、同時性（速報性）の点でテレビに劣る（劇場公開の）ニュース映画や広告効果の点で放送に劣るPR映画といったジャンルは、元のメディアではほとんど姿を消した。そして、新たなメディアであるテレビに吸収された。同様のことは、テレビからインターネット動画メディアへの転換においても生じ得る。

　たとえば、MTVが切り開いたミュージック・ビデオによる音楽番組は、YouTube Hitsに移行しつつある。また、CNNが切り開いた24時間ニュー

スを流し続けるという様態は、インターネット動画のオンデマンド配信によって容易に代替される。音楽あるいはニュースを24時間視聴可能という特性をMTVあるいはCNNと同様に有しながら、好きな音楽あるいはニュースを選択可能という優位性を有するからである。2017年にグラミー賞を受賞した天才音楽家 Jacob Collier（ジェイコブ・コリアー）が注目を浴びたのは、YouTubeに投稿した動画がきっかけだった。このことは、YouTubeが音楽家の出発点として重要な位置を占めつつあることの証左といえるだろう。

とりわけ、移行が生じているのは、学習コンテンツである。学習という行為自体が、教える側と教わる側の間での双方向のやりとりを本来のものとするだけに、テレビやラジオなどの放送メディアでは、その不備が当初より指摘されていた（『昭和期放送メディア論』参照[92]）。したがって、インターネット動画メディアが有する双方向性は、学習コンテンツの配信において、テレビに対する決定的な優位を示すことになる。

学習コンテンツのテレビからインターネットへの移行は YouTube においてだけでなく、オンライン教育という様態で、さまざまなサイトにおいても発生している。インターネットはグローバルなメディアであるから、オンライン学習は、世界中のどこにいても受講可能となる。そして、オンデマンド配信がなされていれば、いつでも、どのレベルからでも学習を始めることができる。教える者と教わる者が必ずしも同時にインターネットにアクセスする必要もない上に、スカイプなどのアプリケーションを用いることにより、同時にアクセスして、リアルタイムでのやりとりを実現することもできる。I. Elaine Allen と Jeff Seaman の調査によれば、アメリカでは、2015年時点で、600万人以上の人びとが年間に少なくとも一つの遠隔教育講座を受講し、大学生の29.7％は少なくとも一つの遠隔教育講座を履修しているという[93]。

第 6 章
動画コンテンツの制作

登録者数が多いYouTuber（ユーチューバー）の共通点

　YouTubeへ動画を投稿する人を、広義のYouTuberと呼ぶ場合もあるが、投稿者の中には、YouTubeへの動画投稿による収入で生計をたてている人びとがいる。本書では、それらの人びとをYouTuberと定義する。YouTubeにおいてはパートナープログラムによって、制作者が動画を投稿することへの対価を得る機会がある。このことが、YouTubeへの動画投稿によって、アマチュアでありながら継続的に収入を得ることを目的とする人びとを生んだのである。

　Eric Johnsonがおこなったインタビューによれば、YouTubeのCEOであるSusan Wojcickiは「YouTubeをこれほどまでに発展させた最も重要な原動力は、クリエイターたちの巨大なロングテールだ」と語ったという[94]。このインタビューは「なぜ、YouTubeはNetflixのようにオリジナル・コンテンツに巨額の投資をしないのか」と題されており、いみじくも両者の相違を浮き上がらせている。すなわち、Netflixの特性はプロフェッショナルが制作した動画（PGC）の配信であり、YouTubeの本質はユーザーが制作した動画（UGC）の共有であるという相違である。

　2016年には、YouTubeでは、チャンネル登録者が1,000人を超えるクリエイターが毎日1,000人現れたという[95]。まさに、ロングテールが日々巨大化し、尾を延ばし続けていることになる。

　一方、Variety誌は、2014年と2015年の二度に渡って、10代（2014年

は 13 歳〜 18 歳、2015 年は 13 歳〜 17 歳)のアメリカ人に調査をおこない、映画俳優の Johnny Depp(ジョニー・デップ)やミュージシャンの Taylor Swift(テイラー・スウィフト)といったスーパースターを上回る人気を得る YouTuber も現れていると伝えた[96]。

表 6-1 に、2019 年 7 月時点[97]での SOCIALBLADE における登録者数ラ

表 6-1　YouTube 登録者数の世界ランキング上位 25

順位	チャンネル名	登録者数	総視聴数	動画数	チャンネルタイプ
1	T-Series	104,730,148	75,953,488,227	13,619	Music
2	Pew Die Pie	97,331,095	22,092,170,253	3,888	Entertainment
3	5-Minute Crafts	58,090,946	14,673,247,693	3,330	Howto
4	Cocomelon - Nursery Rhymes	52,782,416	32,986,760,440	438	Education
5	SET India	51,164,925	35,918,989,741	31,717	Entertainment
6	Canal Kond Zilla	50,366,653	25,306,030,306	1,090	Music
7	Justin Bieber	45,727,126	624,765,530	134	Entertainment
8	WWE	45,680,558	33,780,673,818	42,206	Sports
9	Dude Perfect	43,437,278	8,267,390,040	208	Sports
10	Badabun	40,830,121	12,944,248,599	4,356	Entertainment
11	Ed Sheeran	40,429,884	17,243,218,592	137	Music
12	Zee Music Company	40,217,665	18,326,704,251	4,272	Music
13	Hola Soy German.	39,501,837	3,951,537,902	137	Entertainment
14	Eminem Music	38,190,174	719,058,117	117	Music
15	Marshmello	36,638,348	6,406,599,900	317	Music
16	Ariana Grande	36,586,309	848,063,467	128	Music
17	whinderssonnunes	35,994,713	2,958,031,233	363	Comedy
18	Juega German	35,519,928	9,463,769,556	1,627	Games
19	elrubius OMG	35,233,173	7,731,369,241	808	Comedy
20	Taylor Swift	34,817,828	252,649,953	165	Music
21	Katy Perry	34,308,160	361,156,747	97	Entertainment
22	Justin Bieber VEVO	33,537,573	18,845,270,806	122	Music
23	Felipe Neto	33,339,669	7,337,996,120	1,851	Entertainment
24	Fernanfloo	33,303,661	7,167,831,677	534	Games
25	The Ellen Show	33,211,419	16,410,778,907	10,525	Entertainment

ンキングから「まとめチャンネル」を除いた上位25チャンネルを示す。

これら登録者数が多いYouTuberには、いくつかの共通した傾向があるとHaは分析している[98]。

① 動画を投稿する頻度が高いこと。人気のあるYouTuberの更新頻度を平均すると、毎週1回は投稿しており、3分の1は毎日投稿する。月に1回しか投稿しないYouTuberは14％にすぎないというデータもある。
② 配信している動画の数が多いこと。
③ ヒットコンテンツがあること。
④ 動画の尺（長さ）が長くないこと。
⑤ 英語が使われていること。トークが英語でなくても、英語の字幕がついていること。最低限、英語のタイトルと簡単な説明があること。

④の指摘と関連する事項として、インターネット上の動画コンテンツの平均時間尺は、4.4分であるというデータがある[99]。

また、⑤の指摘については、インターネット動画メディアがグローバルな存在であることと関わりがあるといえる。表6-2に、2019年7月時点[100]でのSOCIALBLADEにおける日本の登録者数ランキング上位5チャンネルを示す。

日本のYouTuberの場合、登録者数は、上位のチャンネルでも世界ランキング上位チャンネルより一桁少ない。このことは、日本におけるチャンネルの動画で用いられている言語が主として日本語である（すなわち英語でない）こ

表6-2　YouTube登録者数の日本ランキング上位5

順位	チャンネル名	登録者数	総視聴数	動画数	チャンネルタイプ
1	はじめしゃちょー（hajime）	8,032,524	6,367,342,573	1,936	Entertainment
2	HikakinTV	7,473,947	6,032,632,928	2,610	Entertainment
3	せんももあいしー Ch Sen, Momo, Ai & Shii	5,743,376	5,083,735,338	2,664	People
4	Fischer's-フィッシャーズ-	5,612,285	7,156,867,222	1,847	Entertainment
5	Yuka Kinoshita 木下ゆうか	5,276,523	1,851,432,190	1,707	Entertainment

とも影響していると考えられる。

　コンテンツの内容についてはどうか。映画俳優やミュージシャンといったスーパースターのチャンネルではない YouTuber で人気を得ているのは、娯楽系動画では、エッジが効いていて風刺や面白みがあること、学習系動画では、投稿者自身の誠実で親しみやすいパーソナリティーが重要であるといわれる[101]。

　英語で制作した短い尺の動画をできるだけ頻繁に投稿し、大量の動画を掲載した上で、ヒットコンテンツを持つこと。そして、投稿者自身が親しみやすくて面白いこと。これらの事項が、世界規模で多くの登録者を有している YouTuber の特性とみなすことができるだろう。

YouTuber と視聴者との距離感

　Sean Cannell と Benji Travis は *YouTube Secrets* と題した一般向けの概説書において、「今、YouTube で最も成功しているクリエイターたちは、ハリウッドのスターたちとは違う種類の才能を持っている」と述べている[102]。Cannell と Travis はまた、「YouTube での成功者はごくふつうの、そこにいるような人であり、かつ、何かに興味を持っている人である。（中略）動画を使えば、視聴者にあなたを知ってもらい信じてもらうことはずっとたやすくなる。成功した YouTuber は、友達同士のつきあいに似た常連の視聴者を抱えている。動画だからこそ、こうしたことが可能なのだ」とも記している。そして、「かっこいい YouTube 動画をつくる才能なんか自分にはないと思っている人もいるかもしれないが、才能は YouTube で成功するための第 1 条件ではない。熱中すること、興奮すること、面白いこと、ためになること、人びとの質問に答えることなどのほうがずっと重要だ」としている[103]。

　Fiouna Ruonan Zhang と Nicky Chang Bi は、YouTube で人気があるのは、YouTuber 自身の生活や経験を語ったコンテンツであるといい、YouTube への投稿は報酬を得る職業となりつつあるものの、視聴者にとっては、YouTube とは、あくまで、自分と同じような人が自分はしないことをす

るのを見る場にとどまっているとしている[104]。

　Taylor Pittmanによれば、若年層にYouTuberのスターになれると思うかどうかを訊ねたところ、13歳では56％、14歳から17歳では55％、18歳から24歳では51％がなれると思うと答えたという。これに対し、テレビや映画のスターとなれるかと訊ねたところ、なれると思うと答えたのは平均して40％だった[105]。

　これらのことが示すのは、YouTuberは、映画やテレビといった伝統的マスメディアにおける俳優やタレントに比して、視聴者との心理的距離が近いということである。かつての映画スターは、文字通り、手の届かない星のような存在だった。テレビにおいては、家庭内で視聴されるメディアであり、出演者がカメラに正面から向かって語りかける、すなわち、画面の反対側にいる視聴者に話しかけることがあることから、テレビの出演者と視聴者の心理的距離は、映画における俳優と観客の距離よりも近かった。YouTuberと視聴者の心理的距離は、それよりもさらに近く、両者は擬似的な友人関係にあるともいえる。Robert KynclとMaany Peyvanは、「今日では、セレブリティー（有名人）の優先事項は、Michael Jackson（マイケル・ジャクソン）やMadonna（マドンナ）のように、崇拝されることではない。あるいは、Audrey Hepburn（オードリー・ヘプバーン）やJames Dean（ジェームズ・ディーン）のように、遠く離れたところにいて憧憬されることでもない。地に足がついている、つまり実際にそこにいる（それでいて魅力的な）あなたの友だちであるかのようにみえる」[106]ことだとしている。

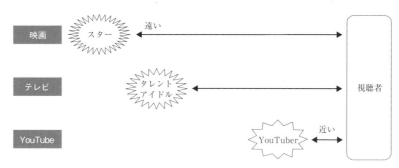

図 6-1　出演者と視聴者（観客）の距離感

　映像メディアごとに、出演者と視聴者の距離を模式化すれば図 6-1 のようになるだろう。
　映像メディアの転換が進むにつれて、出演者と視聴者の距離は近くなっている。このことは、視聴する画面が映画館の大スクリーンからテレビ受像機へ、そして、目の前にある PC あるいは携帯端末のディスプレイへと、視聴者に近づいてきたこととも符合していると考えられる。

投稿動画の文法と様式

　YouTuber が投稿する動画には、映画やテレビには、あまり見られない独特の文法と様式が用いられる傾向がある。その主な特徴を挙げれば、次の 3 点となる。

① 　メインキャラクターの正面からのショット（クローズアップ）
② 　ジャンプカット（映像編集の伝統的な文法を逸脱）
③ 　特殊効果・字幕などによる修飾

以下、それぞれの特徴について述べる。
　まず、メインキャラクターの正面からのショットについて。
　登録者数が多い YouTuber たちの動画には、画面の大部分に YouTuber 自身が映し出され、視聴者に対して、すぐそこに相手がいるような一体感を抱かせるものがみられる。Kyncl と Peyvan によれば、ある著名な YouTuber は、

「YouTube を身近に感じるのは、YouTuber が視聴者に目の前にいるように直接語りかけるからだ。物理的に画面に近いから自分の友だちがそこにいるように感じる」[107] と述べたという。

　実際に YouTuber の動画の多くは、YouTuber（一人でなく数人の場合もある）が正面から映るショットによって構成されている。場合によっては、クローズアップで画面を占有し、客観的に全体の状況を見せるショットは用いられない。そこでは、題材となっているキャラクター（YouTuber）のみが強調され、他に関心を向けないようにする効果が生じている。強調された YouTuber の顔は、アイコンとして区別しやすくなり、記号化され、ブランド化される。主観撮影の多用も同種の理由に根ざしている。対象となる物（製品や料理など）のショット（クローズアップ）で画面が占有される。YouTuber による語りが付け加えられ、対象に対する感情移入が強調される。いずれの場合も、映し出されるものは、自分及び視聴者の興味関心の対象だけであり、そこでは閉じられた世界が展開されているともいえる。

　次にジャンプカットについて。

　YouTube 動画において伝統的映像編集技法（広義の「文法」とされることもある）からの逸脱が典型的に現れるのは、ジャンプカットである。古典的ハリウッド映画の語法にしたがえば、通常、同一物を写したショットが連続する場合は、30 度以上角度を変えて撮影し、編集する。また、一連の動きであれば、音声（音楽やせりふ）やアクション（俳優の動作や物体の移動）はたとえショットが分かれても連続していることが求められる。ところが、YouTuber の動画では、こうした語法（ルール）は無視される。YouTuber が視聴者に話しかけているシーンは、同じサイズとアングルのいくつかのカットに切断され、語りも自然な間を設けることなく接合される。結果的に、人物の動きは不規則に切断されてぎくしゃくと動き、語りには言いよどむような間が無いという、現実にはありえない（したがって古典的ハリウッド映画では現実感を削ぐものとして忌避される）つなぎ方が用いられる。

　結果として、乱暴なつなぎ方になっているわけだが、逆に、そのことが、ここ

で視聴者が見ているのは、古典的ハリウッド映画におけるような俳優（スター）が演じる作り事ではなく、身近なYouTuberが本当に話しかけている映像を正面から撮影し、編集したものだという、リアリティーと親近感を醸成する。

続いて特殊効果・字幕などの後加工について。

伝統的文法からの逸脱と対照的に、伝統的ハリウッド映画の文法ではほとんど用いられない字幕や特殊効果（画面を変形させたり、逆転させたりするなど）が多用される。いずれも、視聴者にわかりやすくするため、視聴者を飽きさせないため、そして、視聴者を面白がらせるためであり、視聴者をひきつけて離さずチャンネルを替えさせないための工夫であるという点で、テレビのバラエティー番組の模倣でもある。

YouTuberは、ほぼ等身大で視聴者と向き合い、1対1の対面コミュニケーションのように、他のものは目に入らせず、取り澄ました芝居をやめて、できるだけフランクに振る舞い、面白おかしいことを言ったりしたりする。そうした特性を映像として具現化した結果が、クローズアップ、ジャンプカット、字幕と特殊効果といった、YouTuberが制作する動画に独特の文法と様式であり、古典的ハリウッド映画の文法からの乖離であると考えられる。そのことは、YouTuberがハリウッド映画のスターたちとは対極にいる、身近で親しみやすい存在であろうとすることと符合している。YouTuberと視聴者の距離の近さは、その独特な様式にも反映されているといえる。

YouTube AnalyticsによるWeb解析

YouTubeでは、送り手である投稿者がYouTube Analyticsというサービスを利用することができる。YouTube Analyticsによって得ることができる受け手のデータには、たとえば次のようなものがある。

・再生回数（視聴数）

　基本的な数値データ。再生回数が少ない動画は検索結果に反映されず、結果的にアップロードしてあっても多くの視聴者に気づかれない。一方、その動画がつまらなくて途中で見るのをやめたとしても、再生回数にカウント

されるという点で、動画が本当に面白いかどうかを測る指標とするには疑念が残る。

・チャンネル登録者数

　ある制作者が自分の動画をまとめてアップロードする場所をチャンネルというが、そのチャンネルにどれだけの登録者がいるかは、継続的に訪れる可能性がある視聴者の数を表すことになる。チャンネルの人気は、ある一本の動画だけでなく、その制作者の他の動画を含めた制作スタイル（作風）やテーマに人気があることを示すと考えられる。

・推定再生時間

　再生時間が長ければ、なんらかの意味でその動画が視聴者の興味を引き続けたと考えられるため、動画の面白さ（視聴するに値いするかどうか）を測る指標としては、再生回数よりも適していると考えられる。2018年にYouTubeがパートナープログラムへの参加条件を、過去12か月間の総再生時間（4,000時間以上）とチャンネル登録者数（1,000人以上）としたのは、このことを反映したものといえる。

・視聴者維持率

　どれだけの視聴者をどのタイミングまで維持したかを示す。これはコンテンツ（動画）の内容を修整するためには、重要な指標である。視聴者維持率がコンテンツの最後まで一定の高さを保っていれば、そのコンテンツは最後まで視聴するに値するということを視聴者の行動が示していることになる。仮に、ある箇所で視聴者維持率が急激に下がることがあれば、その箇所に視聴を中止させるような何らかの要因があると考えられる。制作者はその箇所を調査し、分析を加えた上で、考えられる修整を施し、視聴維持率が上昇するかどうかを試すことができる。

・「評価」の数

　視聴数や再生時間とは異なり、主観的「評価」が数値化される。ただし、人為的操作が介入する可能性がある。

・「コメント」

　作品の評価が言語でも表される。ただし、「評価」の数同様、人為的操作が介入する可能性がある。

・トラフィックソース

　視聴者がどこから来たのか、すなわち、動画を見に来る前には、どのようなサイトにいたのかを示す。視聴理由を類推し、外部からの流入を増やすためのヒントが得られる可能性がある。

・利用者層

　性別、年層といった視聴者の属性に関するデータ。動画を見に来ているのは若年層か中高年層か。仮に動画を若年層向けに造っているのだとしたら、狙い通りの年層が見に来ているかを知ることができる。

　こうしたWeb解析についても、NetflixとYouTubeではその位置づけに違いがある。Netflixでは視聴者の行動データを制作者（多くは映画やテレビ番組の制作会社）がNetflixの介在無しに直接見ることはできないと想定される。それに対し、YouTubeでは制作者自身が行動データをかなりの程度まで見ることができる。データを把握する者だけが、データに則った修整をおこなうことができるのであるから、Netflixでは編成が主導して、コンテンツをどのように配置するかといった修整がおこなわれ、YouTubeでは制作者が主導して、コンテンツをどう造るかという修整がおこなわれるといえる。Netflixでは、一義的には送り手、すなわちプラットフォームがデータを把握し対処するのに対し、YouTubeは一義的には作り手、すなわち利用者がデータを把握し対処する。

　YouTubeにおいて、さらに重要なことは、これらの評価に関するデータの一部が制作者だけでなくサイト上で一般の視聴者にも公開されうることである。公開された場合、YouTubeの動画制作者は他の制作者の評価に関するデータを見ることができ、また、どの制作者が最も多くの視聴を集め、人気があるかもわかる。このことは、YouTube上での競争を呼ぶことにもつながり、また、過激な行動の一因となる場合もある。

Google HHH Strategy と YouTube マーケティング

　インターネット動画メディアにおける編成では、視聴者の行動データに基づいて、最適化を図ることがおこなわれている。その最適化の方策においては、事後的な対応ではなく、あらかじめ、コンテンツを戦略的に作り分け、配信のタイミングや配置もその戦略に沿って実施することで、多くの視聴を集めようとすることもおこなわれる。また、チャンネル運営に際して、TubeBuddy などマーケティングの支援ツールも用いられる。

　Google は、YouTube のマーケティングにおいて、HHH Strategy という方策を動画制作者に提示している[108]。HHH Strategy では動画コンテンツを三つの H すなわち Hero と Hub と Help に作り分け、それぞれに視聴者を集めるための役割を持たせる。

　Hero とは、多くの視聴者を集めることを目的とする動画である。通常、新製品の発売やキラーコンテンツの公開の時など、１年に数回しか配信の機会は無い。関連動画をあらかじめ配信して話題づくりをしたり、他の YouTuber と協働したりして、できる限り大きな効果を得ようとすることが重要とされる。

　Hub は、視聴者にチャンネルへの視聴習慣を根付かせること目的とする動画である。Hub 動画で重要なのは継続性である。そのチャンネルの個性が際立つように編集され、すべての動画に一人のパーソナリティー（個性がある人物）が出演するのが望ましい。また、配信のタイミングにも、毎日１回、毎週１回など、定期性を持たせることが望ましい。

　Help とは、日常的な疑問に答えることを目的とする動画である。製品の使い方やハウツーの解説や Q&A をおこなう動画が Help 動画となりうる。インターネット上で検索されているキーワードからどのような情報が求められているかをあらかじめ探り、その情報を動画にして提供する。

　これら HHH 戦略に加え、インターネット上の多くのサイトで見られる Next Click Strategy[109]（「次のボタンをクリックさせる戦略」）も用いられる。また、チャンネルの登録者数を増やすために、動画の最後（場合によっては途

中）にチャンネルへの登録をうながすメッセージを提示する。

　こうしたインターネット動画メディアにおけるコンテンツの展開戦略は、伝統的マスメディアである映画やテレビがおこなってきたメディア・ミックスやウインドウ・コントロールが、一つのコンテンツを公開するメディアを出版と映画など複数にしたり、コンテンツをメディアに公開する時期を調整して各メディアで順次公開していくというものであったりしたことに比べて、コンテンツを戦略的に作りわけ、複合的に組み合わせて出し分けるという点で、次元が異なるものであるといえる。

総視聴数と登録者数のどちらを重視するか

　双方向性によって送り手の側が把握することのできるデータにはさまざまなものがあるが、そのうち動画の総視聴数と登録者数は端的に送り手（動画制作者）に対する視聴者の支持の大きさを表す数値であるといえる。Ha は、両者のうち、総視聴数よりも登録者数が重要であるとしている[110]。それには、次の三つの理由がある。

（1）総視聴数は大ヒット動画が 1 本あるだけで大きく変動する。したがって、大ヒット動画が 1 本だけしかない制作者であっても、ヒット動画を数多く有する制作者よりも総視聴数は多くなりうる。これに対して、登録者数はより安定的な指標といえる。

（2）登録は送り手（制作者）が受け手（視聴者）との関係を構築する機会を生じさせる。なぜなら、登録することによって、受け手は自分に関するいくつかの情報となんらかの形で連絡する方法を送り手に提供することになるからだ。

（3）登録は送り手と広告主に、受け手のデータを収集し、更新などの情報を送ることを可能にする。

　Hector Postigo は、「登録者数は YouTube における最も普遍的な社会通貨だ」と述べている[111]。これらのことから、YouTube を始めとする共有型動画メディアは、単に動画を並べて置いておく場所というだけではなく、送り手

と受け手がなんらかの関係性を構築する場ともなるといえる[112]。現在、生じているテレビからインターネット動画への映像メディアの転換が、映像コンテンツの供給形態の変化にとどまるものではなく、人類が映像を新たなコミュニケーションの道具としつつあるという革命的な変革を意味するゆえんである。

コミュニケーション・ツールとしての Snapchat（スナップチャット）

　YouTube は、投稿者が対価を得ることができるという点で、動画共有のプラットフォームでは特別な存在である。こうした直接収益をあげることができる仕組みの結果、YouTube には、狭義の YouTuber のような、投稿をなかば職業として生計をたてるセミ・プロフェッショナルが出現している。

　一方、こうした動画投稿による収益を得ることを主たる目的として投稿するのではなく、単なるコミュニケーションの手段として、動画の投稿と共有をおこなう場合もある。その典型が Snapchat である。

　動画メディアに限らないが、インターネット上のソーシャル・ネットワーキング・サービスでは、人びとは、単につながりたい、アイデアを交換したい、作品（音楽や絵画、イラストレーション）を見てもらいたい、というだけの動機で、収益をあげることを直接の目的とせず、コンテンツを提供（アップロード）する場合がある[113]。本来、書物など伝統的マスメディアの登場以前に人類がおこなっていた対面コミュニケーションは、日常的な情報あるいはメッセージの交換の手段であって、マスメディアのように営利目的であることを必要とはしない。このことは、動画配信メディアにおける「共有」という原理は、送り手と受け手が相互的にコミュニケーションをおこない、その場として第三者がプラットフォームを提供するという三角構造を形成していることを意味する。この場合、第三者であるプラットフォームが一義的に収益を追求することになる。

　こうした場においても営利を目的とすることは可能であるが、参加者（送り手）の主たる目的は、コンテンツを投稿することによって得られる自己承認欲求の充足、帰属意識の確認、達成感の獲得などであって、金儲けが直接的か

つ優先的な目的ではない。その典型が、フレンドとの映像によるコミュニケーションを主眼としたSnapchatにおける動画共有であるといえる。

　Snapchatに動画をアップロードしている人びとの主目的は、あくまで動画によってフレンドとコミュニケートしたい（つながりたい）ということにある。したがって、プロフェッショナルが営利目的で投稿している場合を除き、多くの登録者を集めようという意図が無い場合もある。そこでは、YouTuberのようには、「評価」や「コメント」は重視されない。自分たち自身が制作者でもあり視聴者でもある。この点で、制作者と視聴者の距離はYouTuber以上に近くなっている。

　出演者と視聴者（観客）の距離感について、再度、模式化すれば、図6-2のようになる。

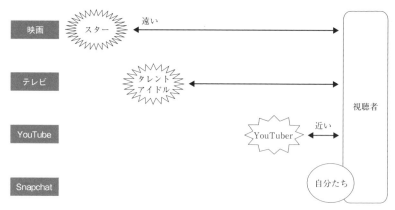

図6-2　出演者と視聴者（観客）の距離感

　21世紀におけるアメリカの若年層は、ミレニアル世代とZ世代とに分けて論じられる。ミレニアル世代とは、1980年代から1990年代に生まれ、西暦2000年代に成人となった人びとであるといわれる。物心ついた時から、PCとインターネットが存在し、ディジタル・ネイティブと称されることもある。このミレニアル世代が、YouTuberとそれを支える人びとであるといわれ、スー

パースターに匹敵する YouTuber が誕生している。一方、ミレニアル世代の後に生まれた人びとは Z 世代と呼ばれる。Z 世代の人びとは、物心ついた時からスマートフォンに親しんでいる。そのため、mobile natives（スマートフォン・ネイティブ）とも称される[114]。スマートフォンの SNS 動画用アプリケーションを活用しているのは、この Z 世代であると考えられる。そこでは、自分に近しい者（必ずしも現実に近い関係ではなく、自分の同類とみなす未知の同世代も含む）との動画による交信が、日常的におこなわれつつある。Kyncl と Peyvan は「動画は、コミュニケーションの究極の手段である」[115]と記している。まさに、その動画を言語や文字にまさるコミュニケーションの手段として活用する世代が出現しつつあるといえる。

　一方、2010 年代後半以降、盛んにおこなわれるようになっているのが、動画 SNS アプリケーションの開発と、それを利用した動画の共有である。主目的はコミュニケーションであるが、収益を得る手段ともなりうる。その代表的存在が中国の TikTok である。TikTok は日本でも低年齢層を中心に人気を博し、社会現象ともなって、伝統的マスメディアにも採り上げられた。

第 7 章
動画コンテンツの拡散

動画メディアにおける共有の 4 形態

　インターネット動画メディアにおいては、双方向性によって、情報の共有が可能となっているが、その共有の程度は、プラットフォームによって異なっている。YouTube は、「評価」や「コメント」を付与ことができることに加えて、アマチュアが自ら制作したコンテンツを無料で投稿し広く一般に公開することもできる。参加可能性は極めて高い。

　この投稿の段階まで含めて、YouTube では、共有の形態は四つに分かれているとみなすことができる。図 7-1 に、4 形態の模式を示す。

　第 1 の形態は、Share（シェア、日本語では共有と訳されている）である。他の利用者が投稿した動画を「シェア」によって他の利用者と共有する。第 2 の形態は「評価」である。自分の「評価」を送信することにより、他の利用者の「評価」と合わせた情報が数値化されて画面上に現れる。第 3 の形態は「コメント」の送信である。「評価」よりも具体的で言語化された感想や批評が他の利用者にも閲覧される。第 4 の形態は動画の投稿である。自らが制作した動画を投稿して公開することにより、視聴者が制作者に転じて両者の溶融が発生する。行為にともなう利用者の労力は上の段階へ行くほど大きくなり、総体としてみた場合の行為者の数は、図の上方の形態であるほど少なくなると考えられる。

　YouTube の MAU（Monthly Active Users、月間アクティブ・ユーザー）は、2018 年 9 月時点で 19 億人程度とされている[116]。一方、Matthias Funk

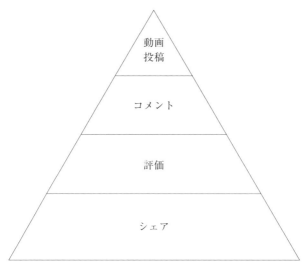

図 7-1　YouTube における共有の 4 形態

は 2018 年において、2,300 万以上のチャンネルが YouTube に存在するとしている[117]。このことから推算すると、YouTube 利用者に対する動画投稿者の割合は、1.2% 程度となる。より動画投稿への親和性が高いと考えられる若年層に対しておこなった Ha の調査によれば、YouTube のヘヴィユーザーであっても、動画を制作して投稿する人の比率は 13.4% であるという[118]。

　一方、視聴数と「評価」の数および視聴数と「コメント」の数の間には正の相関がある[119]。このことから「評価」や「コメント」の数は、視聴数の先行指標であり、「評価」や「コメント」が増えれば視聴数も増えていくことが予想できる。オンデマンド配信であることから、視聴機会は、理論上、無限に提供されており、視聴者が、「評価」を付与するほどまでに、ある動画を気に入った場合、その動画を繰り返し視聴することになると想定される。また、物議を醸すような、いわゆる炎上動画を含めて、話題性の強い動画には、賛否両方の「コメント」が付される。「評価」の数や「コメント」の数と視聴数とが正の相関を示すことには、これらの事情が介在すると考えられる[120]。

eWoM（ネット上の口コミ）による拡散

　2004年に、アメリカで、広告業者やメディア関係者によって、ソーシャル・メディアをブランドの宣伝に使うことを目的として設立されたWOMMA（The Word of Mouth Marketing Association、口コミマーケティング協会）は、ソーシャル・メディアを「ヴァーチャル（仮想的）なコミュニティーとオンライン・ネットワークにおける、ブランドについての話を含む、情報、意見、コンテンツの創造、共有、交換」と定義している[121]。

　FunkはYouTubeにおける2,300万以上のチャンネルのうち、登録者数が100万を超えるのは、8,000程度であるとしている[122]。人気のある動画が視聴を増やし続けるということは、視聴数が少ない動画は埋もれたまま忘れ去られる危険にさらされているといえる。しかし、YouTubeのようなインターネット動画メディアにおいては、共有という特性によって、検索と推奨（「評価」あるいは「コメント」）のシステムが整備されていることから、その動画が本当に優れたコンテンツであれば、やがては注目される可能性がある。たとえ最初は視聴数が少なく注目を浴びることがなかったとしても、人びとが少しずつ「評価」を付与し、「コメント」が記されていくことにより、徐々にその動画が注目されるようになり、やがては大ヒットとなりうる。こうした現象は、eWoM（ネット上の口コミ）による拡散ととらえることができる。

　eWoM（electronic word of mouth）とは、直訳すれば電子的口伝えであり、ある商品、サービス、ブランド、会社あるいは公的機関などについての利用者の体験、意見、評価などを、インターネットを通じて伝播することを意味する。日本では「ネット上の口コミ」といわれる。Stephen W. Litvin、Ronald E. GoldsmithとBing Panは、インターネット普及後の旅行業におけるeWoMの重要性を指摘している[123]。また、Eric Skeltonは、ノルウェーの無名アーティストだったBoy Pabloのミュージック・ビデオが頻繁にシェアされるうちに大ヒットとなった例を挙げている[124]。

マイケル・ジャクソンの死とジャスティン・ビーバーのブレイク

　インターネット動画メディアにおいて、特定の映像コンテンツがeWoMによって存在を広められ、おびただしい視聴を集めるという現象が、大規模に発生することがある。その代表的な事例は、2009年、Michael Jackson（マイケル・ジャクソン）の死に際して生じた。

　マイケル・ジャクソンの死が伝えられた後、ファンが設置した追悼サイトにはアクセスが集中した。YouTubeにおいてもマイケルの動画がおびただしく視聴された。この現象はレコード会社やテレビ局が仕掛けたわけではなく、マイケルのファンによるインターネット上のeWoMによって発生したものだったとみなされている[125]。

　Peyton Paxsonは、この現象を、一方向の伝統的マスメディア（オールドメディア）から双方向のインターネットメディア（新興メディア）への転換を示すものとして採り上げている。この現象は、それまで、少数のメディア企業が送り手となって受け手の視聴者に一方的にコンテンツを送るだけだったことが、相互的で参加的な新たなモデルへと代わり、多くの人びとがコンテンツの流通に参加し共有するようになったことを示す例であるという[126]。

　伝統的マスメディアは「単一のブラックボックス」と呼ばれることがある[127]が、マイケルの死の時に人びとは、それに代わって、出来事を共に体験しようとする複合的プラットフォームを利用するようになったとみなされる[128]。Paxsonは、こうしたマスメディアの相対的地位低下は、メディアが、人びとに直接情報を届ける媒体ではなく、人びとと情報を共有する媒体となっているという、歴史的転換を示すものであるとしている[129]。

　マイケル・ジャクソン死去の際、iTunesのチャートにマイケルの動画が並んだが、それらに混じって、当時まだ無名のミュージシャンの動画がランクインしていたという。Justin Bieber（ジャスティン・ビーバー）のOne Time（ワン・タイム）である[130]。ジャスティン・ビーバーは、自作の歌を演奏した動画をYouTubeにアップロードしていた。それが、次第に口コミで広まり、ついにブレイクしたのである。ジャスティンのヒットは、従来の伝統的マスメ

ディアとはまったく別の回路、すなわちインターネット動画メディアにおける eWoM によって、メガヒットとスーパースターが生まれることを示した初期の現象であり、記念碑的な出来事だったといえる。

　日本で、テレビドラマに関する eWoM が大規模に展開された初期の例としては、2013 年の連続テレビ小説『あまちゃん』を挙げることができる。また、2018 年には、劇映画『カメラを止めるな』が Twitter などのリツイートで評判が広まり、ヒットにつながった。

インフルエンサーと Social Capital（社会関係資本）

　2009 年にブレイクし、インターネット上の有名人となったジャスティン・ビーバーが、その後、今度は自分が他者のコンテンツを推奨し、それが大ヒットするという現象が起きた。2016 年に世界的に流行したピコ太郎の PPAP（ペン・パイナップル・アポーペン）である。そのブレイクのきっかけは、たまたまこの動画を見たジャスティンが推奨したことだったという。PPAP は、その後、多くの人びとによって、その振り付けを演じる動画がアップロードされるという大規模な再生産の循環が生じ、ついには、元の振り付けをアレンジした各国ごとのバリエーションも生み出されるに至った。その伝播、拡散、模倣、変成の過程は、コンテンツの流通が、伝統的マスメディアの一方向性および一回性から遠く離れた、まったく新しい様態のもとでおこなわれたことを表すものといえる。

　このようにインターネット上のソーシャル・ネットワーキング・サービスやブログなどを通じて、他者に情報を広範に伝播（拡散）する存在を influencer（インフルエンサー）と呼ぶことがある。インフルエンサーは、一方で、Social Capital（ソーシャル・キャピタル、日本語では社会関係資本）を有しているという考え方もある。Paxson によれば、ソーシャル・キャピタルとは、ある人が有している（インターネット上の）友人の数であり、その友人がその人物に対して抱いている敬意（信頼）の程度とみることができる[131]。ソーシャル・キャピタルとは、また、見知らぬ他者の意見や行動に影響を及ぼしうる能力で

もある。

　セレブ（有名人）は人びとの注目を集める存在であり、また、アメリカでは、消費者は可能な限りセレブを真似しようとするといわれる[132]。したがって、人気のある映画スターやテレビタレントの一部には単なる有名人というだけでなく、自分自身が一種のブランドとなって、かなりのソーシャル・キャピタルを有している人びとがいるとみなせる。

参加型文化と Fandom（ファンダム）の形成

　マイケルの死の時の現象、すなわち、伝統的マスメディアではなく、一般の人びとによって、世界的規模での広範な情報の伝達と拡散が生じ、数多くの動画が「共有」というかたちで視聴される場が産み出されたことは、インターネットならではの現象である。ここでは、fan（ファン）同士が自分たちの気持ちを共有するコミュニティーを築き、世界中の他のファンたちとつながっている[133]。

　Henry Jenkins は、傍観者（単なる視聴者）とファンを峻別し、ファンとは、コンテンツの制作者が提供するメッセージをそのまま受動的に受け入れるのではなく、相互的かつ創造的にコンテンツと関わりを持とうとする人びとであるとした[134]。こうした「ファン」は、そのコンテンツについて他のファンと議論したり、ファンの集まりに参加したり、派生コンテンツをつくったりする[135]。このようなファンたちのコミュニティーが形成する参加型の文化を Fandom（ファンダム）あるいは Fan culture（ファン・カルチャー）と呼ぶことがある。

　たとえば、アメリカでは、HBO が放送する *Game of Thrones*（『ゲーム・オブ・スローンズ』）といテレビシリーズに関連して、さまざまなファンダムが形成されているといわれる。その一つである、*Talk The Thrones*（『トーク・ザ・スローンズ』）というコンテンツは、熱狂的なファンたちが『ゲーム・オブ・スローンズ』について語りあう様子を動画コンテンツとして配信するもので、ファンダムによって産み出されるコンテンツの典型例であるといえる。

日本でのインターネット動画メディアにおけるファンダムとしては、2006年末からサービスを開始したニコニコ動画を挙げることができる。ニコニコ動画は、内容の展開に即してコメントを画面上に表示するという、ユーザー参加の形態を産みだした。そこでは、字幕コメントの付加によって、あたかも複数の人びとが同時にそのコンテンツを視聴し、コメントを共有し、リアルタイムで情報を交換しているかのような場が形成された。

 こうした場において産み出される動画コンテンツは、まさに Web2.0 という概念の賜物であるといえる。

 ファンダムの存在は、コンテンツのクリエイターあるいは送り手にとっても、「無関心な大勢ではなく、熱心な少しの人を引きつけるほうがいい」[136)]という意識を呼ぶ。Kevin Kelly は、「クリエイター、つまり、芸術家とか、音楽家、写真家、工芸家、実演家、アニメーター、デザイナー、ビデオ制作者、作家、言い換えれば、芸術作品を創る人なら誰でも、たった 1000 人の本当のファンを獲得できれば、食べていける」と述べたという[137)]。こうしたファンダムの存在は、ロングテールの概念とも呼応して、「ニッチ」と呼ばれる、さまざまなジャンルとコンテンツを産み出すことにもつながる。

マイノリティーと多様性

 アメリカ国勢調査局は、21 世紀半ばまでにアメリカは Majority Minority（マジョリティー・マイノリティー）の国家となるだろうと予測している[138)]。ロングテールの概念は、人種、趣味、嗜好など、あらゆるマイノリティーに対して設けられていた仕切りを越え、伝統的マスメディア（映画やテレビ）では、ステレオタイプによって遮蔽されていたジャンルやテーマを扱うコンテンツの配信をうながす。

 その結果、インターネット動画メディアにおいても、ニッチと呼ばれる極めて狭い専門的なジャンルとテーマに特化したコンテンツが増加しつつある。たとえば、YouTube においては、まったくのニッチなテーマを扱うコンテンツがアップロードされており、Kyncl と Peyvan は、石鹸に花やレース模様を刻

むソープカービング、飛行機のコックピットからの眺め、燃え盛る暖炉がたてる心地よい音などの動画を例として挙げている[139]。こうしたニッチなジャンルにおけるコンテンツの配信は、消費にスモールマスというモデルが現れているのと同様に、数と規模の拡大を追うのではなく、少数でも、ロイヤリティーの高い利用者に支持される。

一方、ニッチなコンテンツがもたらす現象は、マイノリティーの存在にも光を当てる。たとえば Tobias Raun は、トランスジェンダーの人びとが、YouTube をプラットフォームとして利用しながら、自分の人生を語ったり、情報を共有したり、同じ心情の人とつながるようになっていることを指摘している[140]。

20世紀後半のアメリカでは、Civil Rights Movement（公民権運動）や Women's Liberation（ウーマン・リブ）など、次々に社会運動が生じた。こうした運動の流れを背景として、21世紀のインターネット動画メディアでは、多様なマイノリティーに関する配信が一斉におこなわれつつある。

たとえば、エスニシティーに関して、アメリカの映画には、人種的偏見が色濃く残っているといわれる。アフリカ系アメリカ人はアスリートか犯罪者、スペイン系アメリカ人は低技能労働者として描かれることが多いという。また、アジア系アメリカ人はほとんど映画への出演がなく、あったとしても、武道家か geek（コンピュータおたく）として描かれる場合だという[141]。

これに対して、YouTube では、Asian-American の Ryan Higa による nigahiga、Canadian-Indian の Lilly Singh による IISuperwomanII、あるいは、Asian-American のメイクアップ・アーティスト Michelle Phan による美容法教授などのチャンネルが多くの登録者を集めており、人種的な壁が動画配信メディアでは乗り越えられうることを示している[142]。

あるいは、美容文化に関しては、歴史的に白人の異性愛者でシスジェンダー（生まれた時に診断された身体的性別と性自認、すなわちこころの性が一致している人）の女性が、その担い手となってきた。

それに対して、YouTube では LGBT の人びとが美容に関する動画を投稿

するようになっている。近年では、LGBT に関する動画を専門に配信するプラットフォームも次々に現れている。それらのうちの一つ Revry は、"Stream. Out. Loud"（声高に配信せよ）をスローガンに掲げている。一部のプラットフォームは既存の LGBT 関連動画を配信すると共に、視聴者に LGBT 関連動画の投稿も呼びかけている。

こうしたニッチなジャンルのコンテンツの配信は、アメリカ国内にとどまらず、インターネット動画メディアの特性として国境をも越えていく。たとえば、女性 YouTuber の Hayla は、中東で配信をおこない、さまざまな禁忌を乗り越えようとしている[143]。

ボーダーレス化と草の根からのグローバリゼーション

インターネット動画メディアがもたらすボーダーレス化には二つの意味がある。一つは前節で述べたように、マイノリティーに対する目に見えない壁が取り払われて、ニッチなコンテンツが流通し、コンテンツが多様化することである。そこでは、人種、趣味、嗜好など、さまざまなマイノリティーに対して設けられていた禁忌が乗り越えられ、伝統的マスメディア（映画やテレビ）では、ステレオタイプによって遮蔽されていたジャンルやテーマが勃興する。

もう一つは、コンテンツあるいはサービスが、国境を越え、国家の枠を越えて伝播することである。2019 年 7 月時点における YouTube へのアメリカ国内からのアクセスは15.6%にすぎない。アメリカ以外の国からのアクセスでは、インドが最も大きく 8.0%、その次に、日本が 4.8%で続いている[144]。このことは、YouTube がグローバルなメディアであることを端的に物語っている。

共有を特性とするインターネット動画メディアにおいては、自国文化を他国に対して発信するというような一方向の伝播だけではない様態が発生する。それは、その国の国民でない者、あるいは、その文化圏において成長したのではない者が、ある国の事情や文化を、外国人や他文化に属する者の視点からとらえて動画を制作し配信するという様態である。

たとえば、2019 年時点で、アメリカには、Crunchroll という日本のアニ

メーションを主たるコンテンツとして配信するプラットフォームが存在する。視聴が可能なのは、アメリカなど海外のみで、日本からはできない。文化の伝播を自国のサイトが担うのではなく、海外のファンたちに向けて外国のサイトがおこなうという、インターネット動画メディアならでの様態が成立している。

あるいは、外国人旅行者または移住者として、日本に滞在し、日本の風習、料理、観光地などを、異文化の視点から外国人に向けて紹介する動画コンテンツを作成し、配信することもさまざまにおこなわれている。YouTubeでは、たとえば、カナダ人夫婦 Simon and Martina（サイモンとマルティナ）が運営する EAT YOUR SUSHI（2019年6月時点の登録者数約140万人）やニュージーランド人女性 Angela（アンジェラ）が運営する Internationally ME（2019年6月時点の登録者数約23万人）などのサイトが知られている。

2018年には、釧路市の観光PR動画に対し、海外からのアクセスが集まり、"so beautiful, thank you so much"（「とても美しい、どうもありがとう」）といった称賛のコメントが寄せられた。この動画は釧路の美しい風景に流麗な音楽を添えた内容だったが、その洗練された映像美に注目が集まり、eWoMによる拡散が生じたといわれる。

YouTuberの配信映像では英語が重要であるとはいえ、この釧路の例は、映像は言語がなくても力を持ちうることを示している。初期のYouTubeで世界的な人気を得たコンテンツに *Mr. Bean* があったが、その理由は、内容の面白さに加えて登場人物がしゃべらないことにもあるといわれる[145]。あるいは、韓国人ミュージシャン PSY の『江南スタイル』も世界的規模で流行したが、YouTubeでの配信にあたっては、英語への改編をおこなわず、あえて原語のままとすることを選択したという[146]。このコンテンツの最大の魅力は、音楽と同期した動きの面白さにあり、言語の壁を乗り越えうるという判断があったからと考えられる。

第8章
動画メディアの課題

選別者の不在と情報の信頼性

　「メディアは、我々に世界を見るための透明な窓を提供するのではない。メディアが提供するのは、世界の表象とイメージを間接的に伝えるための回路である」といわれる[147]。

　伝統的マスメディアでは、プロフェッショナルが情報を選別して伝える。プロフェッショナルであっても、その情報に作為や偏向はありうる。アメリカではFOX News Channelは保守寄りでMSNBCはリベラル寄りとみなされる[148]。しかし、プロフェッショナルにとっては、誤報を伝えた場合、自らの信用に関わり、仕事を失う危険もあるため、可能な限り、情報の正確性に注意を払い、倫理的であろうとすると考えられる[149]。

　これに対して、インターネットにおいては、伝統的マスメディアのプロフェッショナルが介在しない場合、情報の取捨選択はおこなわれず、プロフェッショナルではない者が情報を伝えることになる。インターネットでは、プロフェッショナルによる情報への正確性への配慮がなされる保証はない。時には、悪意をもって、正確でない情報が流布される可能性がある。

　こうした情報の流布は、インターネットの場合、伝統的マスメディアにはない様態を示す。それは、ロングテールの概念によって、どのように些細な情報でも流通しうる上に、Web2.0の概念によって、誰でもが情報の発信者になりうるということである。

　一方、動画メディアならではの問題として、幼い子どもたちへの有害な動画

の拡散も挙げられる。2010年代半ば頃から、Elsagate（エルサゲート）として知られる動画がアップロードされ、大きな問題となった。Elsa（エルサ）とはDisney映画のヒロインの一人であるが、それに代表されるような子どもたちに人気のあるキャラクターを用いて、卑猥な映像や差別的な映像を含む動画を配信することがおこなわれたのである。これらの動画は、映像と絵文字によって構成されていることが多い。映像と絵文字であれば、言葉や文字を覚える前の子どもたちでも視聴しやすいからである。

また、Tik TokなどのSNS動画アプリを低年齢層の利用者が用いることに対しても、顔をさらすことやキスやハグをする映像が流布することに対する危険性が指摘されている。

匿名性とセンセーショナリズム

第7章において、インターネット動画メディアでは、「評価」や「コメント」によって、拡散が図られると述べた。そして、共有の四つの形態において、視聴をするだけの人の数に比べて「評価」を付与する人の数や「コメント」をする人の数はかなり少ないと述べた。実際に、ある動画において、視聴数のほうが「評価」の数や「コメント」の数よりもはるかに多いことが通常である。このことは、ある動画に対する「評価」や「コメント」は、その動画を視聴したすべての人の意見を表したものではなく、自分の考えを公にしたいという少数の人たちの意見にすぎないことを示している。

これらの「評価」や「コメント」は原則として匿名でなされる。したがって、ある動画に「コメント」が付いていた場合、その「コメント」を付けたのは誰かということが問題になる。仮に好意的な「コメント」が付せられていたとしても、それらは、本当に中立的な立場の視聴者が付けたものかどうかはわからない。また、好意的なレビューをしてもらうように対価を支払って依頼するということも可能である。匿名のまま投稿が可能なメディアでは、こうした信頼性の問題が常に発生する。

また、コメントの内容も中立的なものは稀で、両極端に分かれる傾向がある

といわれる[150]。人びとは何か強い感情を抱いた時に「コメント」をおこなうと想定されるからである。このことは、言語や文字によってではなく、映像によって人びとの感性に直接訴えかける力をもつ動画コンテンツでは、より顕著であると考えられる。この、人びとの感性あるいは感情に訴えかけるという特性は、時にセンセーショナリズムに結びつく可能性がある。たとえば、2018年に発生したフランス各地の大規模デモは、Facebookに投稿された動画が拡散されたことが激化の要因であるともいわれている。

フェイク動画が見破れる場合と見破れない場合

インターネット動画メディアにおける情報の信頼性の観点から、もう一つ重要なことは、fake（フェイク）すなわち偽情報の存在とその対応である。

インターネット上で、フェイクニュースが流布されることは、以前から問題視されていた。2010年にはstoryful（ストーリーフル）というサイトがサービスを開始した。ストーリーフルは、プロフェッショナルの報道ジャーナリストが、インターネット上のフェイク画像や動画について、さまざまな手法を用いてその妥当性を判断するというサービスである。YouTubeが2015年から始めたYouTube Newswireというサービスは、このストーリーフルと提携している。

2016年のアメリカ大統領選挙に際して、大量のフェイクニュースが選挙戦を通じて拡散され、ロシアによる介入も疑われたことから、この頃を契機として、国家安全保障の観点からも、その対策が重要視されるようになってきた。フェイクニュースに対しては、複数の情報を突き合わせる、出所を確認する、流布の経路をたどるなどの方策が用いられうる。

フェイクニュースが狭義には文字による偽情報であるのに対し、フェイク動画は映像による偽情報である。必ずしもニュースバリュー（時事性）の高いものでなくても、人を驚かせたり面白がらせたり、あるいは陥れたりする目的で制作され、流布されるものがある。フェイク動画は、映像が持つリアリティーゆえに、反響を呼びやすい。特に、映像に加工が施された場合、ディジタル技

術の進化にともない、にわかに真偽を判断するのが難しい映像も、以前より、はるかに容易に制作できるようになっている。

　かつては膨大な手間と高性能のワークステーションを必要とした画像加工、たとえば、走行中の車や歩行中の人を、風景から消去することも、一般の利用者が比較的低廉におこなえるようになった。その中には、画面内に映し出されているものの情報や、画角や画面外におけるカメラの配置、編集のされ方から不自然な点を洗い出し、フェイクであろうと類推できるものもある。しかし、これら、いわゆる映像の文法を熟知した上で、巧妙に加工を施された場合には、真贋の判定は困難である。

　もちろん、その映像の内容が、たとえば、宇宙人を撮影したとする動画、心霊が写っていると称する動画、物理的にありえない超常現象を記録したとする動画など、科学的常識をもってフェイクと推定できる動画であれば、その加工の程度や方法に興味は移り、話題にはなっても、惑わされることは少ない。しかし、自然な動きや風物が映されている映像に、加工が施されており、映像の文法にも則って撮影・編集されている場合、その真贋を見分けることは難しい上に、そもそもフェイクとは気がつかない可能性が高い。

　2017年頃からは、Deep Fake（ディープフェイク）と呼ばれるフェイク動画が出現するようになった。ディープフェイクは、たとえば、実際には話していない内容を画面内の人物に話させる類のフェイク動画である。2018年には、オバマ前大統領の演説を偽造した動画が話題を呼んだ。大統領が事実と違うことを話す合成映像は、映画では、『映像メディア論』でも紹介した *Forrest Gump*（『フォレスト・ガンプ／一期一会』）が知られている[151]。しかし、この映画の合成は、内容がフィクションであることを観客は理解しているという前提でおこなわれたものである。また、当時の技術では、かなりの費用と手間がかかるため、一般の人びとがそうした合成映像を造ることは困難だった。それから20年あまりたった今日、ある人物に本当は話していないことを話させたフェイク動画を拡散させることが可能になったのである。

　仮に、こうして捏造された映像が、事件の証拠あるいは証言として流布さ

れ、その真贋が判定しにくいとすれば、今後、大きな影響を及ぼす可能性がある。フィルムあるいはビデオテープが記録の手段であった時代すなわち20世紀の映像であれば、元のフィルムあるいはビデオを確認することで真贋を判定できると考えられる。しかし、ディジタルファイルによる記録が一般化して以降は、元となるファイルの存在は必ずしも同定できるとは限らない。

このように、映像の加工による捏造は、いかにも超常的な現象を合成したものよりも、ごくふつうの映像にそれと分からぬように加工を施されたもののほうが、気づかれぬまま流布すること、そもそも真贋の問題が浮上しないため、確認しようとされないことなどの点で、厄介であるといえる。

Stealth Marketing（ステルス・マーケティング）と Troll（トロール）

ステルス・マーケティングとは、視聴者が宣伝と気づかないように偽装して宣伝をおこなうことをいう。伝統的マスメディアである映画やテレビにおいても、ステルス・マーケティングはおこなわれていた。たとえば、著名な映画賞やテレビ番組賞の中継は、出席する有名人、受賞する俳優と映像コンテンツ（映画作品あるいはテレビ番組）を宣伝することが大きな目的となっているといわれる。あるいは、product placement（プロダクト・プレイスメント、商品配置）という、映像コンテンツの場面内に宣伝したい商品をさりげなく置いておく手法も用いられる[152]。

これらの手法は、動画メディアでなくても用いることが可能ではあるが、映像コンテンツの場合、感性に訴えかける特質を持つだけに効果はより高いと考えられる。

第5章で述べたように、YouTube を始めとするインターネット動画メディアにおける広告動画には三つの形態があるが、このうち二つの形態がYouTuber の収入に関わる。

一つは動画の前あるいは途中に挿入される広告である。動画の視聴数やチャンネルの登録者数が多ければ多いほど、広告動画を視聴する人の数も多いと考えられる。したがって、ヒット動画を配信していたり膨大な登録者を

抱えていたりする YouTuber は多額の収入を得ることができる可能性がある。YouTuber の中には巨額の収益を得ている人たちがいるが、その額は多くの場合、推定にとどまっている。しかし、YouTube への投稿によって得た収入を公表している YouTuber もいる。たとえば、2019 年 7 月時点で 52 万人あまりの登録者を抱えている Vexxed という YouTuber は、自身の YouTube での広告収入を明かしたことがある。2016 年 1 月 8 日から 11 月 1 日までの総視聴数はおよそ 1,800 万、YouTube から得た収入はおよそ 2 万 4,000 ドルだったという[153]。

　YouTuber が収入を得るもう一つの方法は、ブランド（企業）との連携である。著名な YouTuber のチャンネルの中には、ある特定の分野の製品レビューに特化したものがあり、視聴者からはその分野のエキスパートとして認められている。こうした YouTuber が企業と連携するやり方には、スポンサー付きの動画を制作することだけでなく、共同企画製品をつくることや動画の解説に企業サイトへのリンクを張ることまで、さまざまである。たとえば、メイクアップ・アーティストから美容とライフスタイルに関する動画を配信する YouTuber に転じた Claire Marshall は、フランスの化粧品店 Sephora と提携して、その商品を自分の美容法解説動画に使用した[154]。

　こうした企業との提携では、時により、YouTuber によるステルス・マーケティングがおこなわれる可能性もある。Trevor Martin と Thomas Cassell は、TmarTN と Syndicate という YouTuber として多くの登録者を有していたが、2017 年に、ゲームサイト CSGO Lotto の共同経営者であることを隠して、CSGO Lotto を宣伝していたことが発覚し、Federal Trade Commission（アメリカ連邦取引委員会、略称 FTC）によって罰金を課せられた[155]。FTC はステルス・マーケティングから利用者を保護するために、ガイドラインを改訂し、動画投稿者を含むすべてのインフルエンサーに対する開示義務を強化した[156]。

　一方、さりげなく気づかれないようにおこなうステルス・マーケティングに対し、あえて、目立つことにより宣伝効果をあげようという方策がとられる場

合もある。そうした方策には、Troll（トロール）あるいは Trolling（トローリング、日本では「荒らし」）や Flame（フレイム）あるいは Flaming （フレイミング、日本では「炎上商法」「炎上狙い」）などがある。いずれも、過激なコメントや刺激的な内容の記事によって、注目されようとすることをいう。

　YouTube は、コミュニティガイドラインを設定しているが、YouTuber の一部には、視聴数やチャンネル登録数が収入に結びつくため、あえて社会通念上問題のある動画をアップロードする投稿者も存在する。こうした行動に対し、社会的反感は高まっており、悪意のある投稿に対するガイドラインのあり方についても検討の必要性が指摘されている。

文化帝国主義への反発と警戒

　Netflix を中心とした定額制オンデマンド配信サービスの国際展開は、一方で反発と警戒も招いた。第 4 章で述べた 2016 年における Hastings のスピーチの後、いくつかの国で Netflix の国際展開への批判が生じていると報じられたのである。たとえば、ケニヤでは、Film Classification Board の会長が、海外コンテンツが子どもたちに及ぼす悪影響と社会的安全を脅かすことを容認できないと論じた[157]。あるいは、インドネシアでは、Netflix へのアクセスが国営の通信会社テレコム・インドネシアによってブロックされた。Netflix のコンテンツには許可を要する事項が含まれており精査されていないというのが理由である[158]。こうした動きの背景には、アメリカの映画産業によって自国の映像関連事業が駆逐され、結果的にアメリカ文化が蔓延して自国文化を圧迫するのではないかという懸念の存在も考えられる。

　グローバリゼーションとは貿易や金融による経済的社会的統合であると同時に、技術と文化の伝播でもある。ディジタル化とインターネットの普及にともなって動画メディアが国際展開することは、結果として文化の伝播ももたらす。ある国のメディアが提供する情報あるいはコンテンツには、その国の文化が反映している。アメリカのメディアは自国のライフスタイルを他の国々にも広めようとする傾向にある。基本的にはアメリカのメディアは自国

の文化を肯定的に描き、しばしば他の文化を劣ったものや場合によっては悪いものとして描く。とりわけ、イスラム文化は湾岸戦争以降、攻撃の対象となっているといわれる[159]。

　アメリカが提供するコンテンツが自国のコンテンツを駆逐すれば、アメリカ文化特有の発想、時には偏見が、自国に伝播される可能性もある。こうした現象を、文化的植民地化あるいは文化的帝国主義と呼ぶ場合がある。

　インターネット動画メディアにおいても、現在、アメリカのFANNGが中心となって進めているハリウッド製映画やテレビ番組の全世界への配信は、こうしたアメリカ製（プロフェッショナル）映像コンテンツの優位をさらに助長する方向に作用すると考えられる。

情報の占有と流用／規制と統制

　インターネット動画メディアにおいては、プラットフォーム事業者が、PCやスマートフォンなどのデバイスやアプリケーションを通じて、情報の流通を担っている。共有の原理のもとで、送り手と受け手は双方向に情報をやりとりしているが、その基盤となっているのが、プラットフォームである。したがって、送り手と受け手の情報を把握できる立場にある。GoogleやFacebookにおいては、検索履歴や個人プロフィールといった情報すなわちデータがコンテンツといえる。これらのコンテンツ（情報）を提供するのは、利用者（送り手と受け手）であって、プラットフォームはそれらのコンテンツ（情報）が流通する場を提供するだけである。既に2005年の時点で、Tim O'Reillyは次のように述べていた。

　　　データベース管理は、Web 2.0企業のコアコンピタンス（中核能力）でもある。（中略）この事実は、ある重要な問いを投げかける。それは『そのデータを所有しているのは誰か』というものだ[160]。

　これらプラットフォームは寡占化が進んでおり、中国や他の一部の国々を除いてほぼ世界中で、FAANGと称されるアメリカの企業すなわちFacebook、

Amazon、Apple、Netflix、Google（Alphabet）が市場を支配し、傘下のサービスを通じて動画メディアを構築している。中国では、Alibaba（阿里巴巴集団）と Tencent（騰訊）が同等の地位を有している。

　プラットフォームはコンテンツ（情報）が流通する場を提供するにすぎないが、その場に多くの人が集まれば、利用者の情報を活用して、広告を展開する。それが Google や Facebook における事業の基本構造であることは、第 3 章で述べたとおりである。この時、営利を追求する目的が優先されれば、行き過ぎた商業主義におちいることが起こりうる。

　そもそもアメリカにおいては、広告を事業基盤としたメディアが発達したため、その私的所有者の意図と利益が優先される傾向は否めなかった。アメリカではほとんどのメディア所有者（株主）にとっては収益が第 1 目的であり、多くの利用者と広告主を集めることが、コンテンツの担う使命となる。この観点からすれば、アメリカでは、多くのメディアは本質的には広告を伝達するための手段であるという考え方もある[161]。このことは、インターネット動画メディアの場合、少数の私企業が巨大なプラットフォームとして市場を寡占していることで、より深刻な懸念をもたらす。それは、利用者に関する情報の営利目的などによる流用である。たとえば、2018 年には、Facebook における利用者の個人情報管理の問題点が指摘された。また、競合を排除しようとする動きがあったことも論議を呼んだ。

　こうした巨大プラットフォーム事業者の市場支配に対しては、独占禁止法の適用が取り沙汰されるなど、社会の風圧が厳しくなっている。2019 年 1 月、Google による EU（ヨーロッパ連合）の個人情報保護ルールへの違反に対して、フランスのデータ保護機関が 5,000 万ユーロの制裁金を課すと報じられた。FAANG と称される巨大企業による寡占にさまざまな懸念が生じているのが、2010 年代末の状況であるといえる。

　Jean Burgess と Joshua Green は、（アメリカの）ポピュラーカルチャー（大衆文化）には、二つの定義があるとした[162]。一つは商業的、産業的文化という定義、もう一つは人びとの文化という定義である。インターネット動画メディ

アにおいては、前者は、商業文化へのアクセスを容易にすることにより、プラットフォームによる独占へと向かう動きを形成し、後者は、利用者がつくったコンテンツが従来の伝統的マスメディアにはなかった新たなジャンルを生み出す動きを形成するという。

　BurgessとGreenは、ここに、コミュニティー（社会）とコマース（営利）、放送とソーシャル・メディアの二重論理が存在するとしている[163]。これらを貫通して、事業の基盤が営利か公共かという対置が存在することになる。そして、この二重論理の根底には、本来私的な営利追求にそぐわない公共的な場が営利目的の私企業によって提供されるという、一種の矛盾が潜んでいると考えられる。

　インターネット上に流布される虚偽情報や情報の操作といった諸問題に対しては、国家による規制を強化すべきであるという意見もある。2019年4月にニュージーランドで発生した銃乱射事件を中継する動画が投稿されるという問題が生じたFacebookは、投稿への公的機関による対応を必要とする見解をCEOのZuckerberg自身が示したと伝えられる。

　アメリカの政治学者Joseph Nyeは、他国に及ぼす文化的影響力をソフトパワーと呼んだ[164]。中国は、外国映画の輸入に制限を設けている。それは、映像コンテンツが有するソフトパワーを警戒してのことだという。その理由の一部は国内の映画産業が外国映画によって収益を奪われることを防ぐという経済的保護主義によると考えられるが、同時に、共産主義の理念を守ろうとする共産党の方針にもよると考えられる[165]。

　双方向性という原理のもとで、インターネット動画メディアは、テレビのような伝統的マスメディアによるマスコミュニケーションの独占から離れ、送り手と受け手の溶融をもたらした。しかし、その結果、匿名性のもとで誰もが送り手になりうることから生じる情報の信頼性への疑義、送り手でも受け手でもない第三者がプラットフォームを運営し、送り手と受け手の情報を把握することから来る寡占と規制の相剋、といった新たな課題に直面しているといえる。

第9章
動画メディアの未来

コンテンツとしてのテレビ番組はまだ見られている

　2009年2月、当時アメリカNBCユニバーサルのJeff Zuckerは、「テレビ放送は大変な変化期に見舞われている。もし、今、その収益構造（ビジネスモデル）を変えようと試みなければ、新聞業界のようになってしまう恐れがある」と述べたという[166]。

　それから10年、アメリカでは、まだ、テレビ番組は見られている。アメリカ人が平均5時間の動画を視聴するうちの大半（4時間強）はテレビ番組であるといわれる[167]。第4章で述べたように、Netflixは映画とテレビ番組が主力コンテンツである。また、第5章で述べたように、YouTubeでもテレビ番組はよく見られている。Alyssa FisherとLouisa Haの調査によれば、回答者の83.7%は、以前放送されたテレビ番組を週に数回は視聴しているという[168]。視聴者はまだテレビで見逃した番組や過去の番組を見るためにインターネットを利用している。このことは、伝送路は放送波から通信回線へと代わり、テレビ局のビジネスモデルは激変しつつあるといえども、プロフェッショナルが制作した映像コンテンツには、現時点でなお競争力を有していることを示すと考えられる。

　こうした状況下で、テレビ局や新聞社も変貌を試み、インターネットでの配信をおこなおうとしてはいる。しかし、テレビ局や新聞社がインターネットサイトを展開しても、そこでは、放送や出版におけるほどの広告収入は得られていない。特に新聞や雑誌にとっては、紙媒体での広告収入の落ち込みを、イン

ターネットサイトでの広告収入で補うことができるかどうかの見通しはたっていないのが現状である。

　インターネット動画メディアでは、ロングテールの概念が示すとおり、視聴者の好みが限りなく細分化され、ほんの僅かなコンテンツが膨大な視聴者を集める一方、その他の大多数のコンテンツはごく僅かな視聴者しか得ることができない。このことは、特にテレビのように数百万人から数千万人という視聴者の規模の大きさが広告出稿の前提であったメディアの事業構造とは相いれない事態といえる。したがって、伝送路を放送波からインターネットの通信回線に置き換え、従来の広告モデルのまま展開しただけでは、従来の規模の収益は得られない可能性がある。

　また、インターネットでテレビ番組を配信した時に、インターネット動画メディアのプラットフォームに匹敵するほどの利便性を提供できなければ、多くの視聴者を得られないと考えられる。

　2019年4月、BBC（英国放送協会）が、自社のサービスiPlayerがNetflixとの競争に敗れたという見解を示したと報道された[169]。iPlayerがNetflixに視聴者を奪われていることが明らかになったというのである。その理由は、iPlayerにおけるオンデマンド配信が1週間のキャッチアップでしかなく、長期間コンテンツをオンデマンド配信しているNetflixにサービスが劣ることも一因であると考えられる。KynclとPeyvanは、「人びとはテレビ番組そのものに興味がないのではなく、人びとが今、馴染んでいるやり方すなわちオンデマンドと携帯端末で視聴することができないから視聴しないのだ」と述べている[170]。先の報道において、BBCは配信期間を1年間に延長することを試みようとしていると伝えられている。また、イギリスの情報通信庁は、Netflixに対抗する狙いも含め、公共放送事業者が共同で運営する動画配信サービスの構築を提唱しているという[171]。

高度の専門性に基づく「ニッチ」への移行

　新聞社の中には、広告モデルではなく、定額制の課金（サブスクリプションモデル）によって、読者を獲得している場合もある。その場合、インターネットの無料ニュースサイトを凌駕する高度の専門性と正確性が求められることになる。その結果、従来の新聞のように、総合的にあらゆるジャンルを扱う媒体から、特定のジャンル、たいていは最もその企業が得意とするジャンルを扱う媒体へと移行していくことになると考えられる。

　細分化した利用者の嗜好とニーズに応えるために、メディア企業が専門化し、ニッチと呼ばれる事業者も出現していることは、第7章で述べた。アメリカでは、たとえば、Lifetime（ライフタイム）は女性を対象視聴者層とし、Spike（スパイク）は男性を対象視聴者層とするというようにテレビ局でも細分化と専門化が進行している。The Bureau of Labor Statistics（アメリカ労働統計局）は、未来のマスメディアは、ディジタル技術を駆使してきめ細かくニッチに対応したものとなるだろう、と観測しているという[172]。

　かつて、ラジオからテレビへとメディアの転換が生じた際、それまでラジオで人気があったドラマ番組はほとんど姿を消し、テレビへと移行した。その後、ラジオは小型化と車載化によって、居間を離れて個人の居室、仕事場、車内などに持ち込まれるものとなり、目は他の物に向けたまま、耳で聴いただけで内容がわかるディスクジョッキーや長時間のトーク番組といったジャンルが新たに生まれることになった（『昭和期放送メディア論』参照[173]）。また、災害など緊急時においては、情報収集の手段としてラジオが有用であると指摘されている。

　映画では、テレビへのメディアの転換にともなって、ニュース映画が姿を消し、ドキュメンタリー映画もほとんど上映されなくなった。これらのジャンルは、テレビに移行したのである。ただし、映画というメディアは消滅しなかった。テレビに続いてレンタルビデオが登場し、家庭内で映画を便利に視聴することができるようになってもなお、映画館は残った。大画面の迫力を活かすことができるファンタジー、アクション、SF、歴史などのジャンルが活況を呈

し、映画館は、テレビには無い特性、すなわち、映画を観るという特別な経験をする場所という特性を活かす部分が残ったといえる。

したがって、伝統的マスメディアもすべて消滅することは想定しにくい。そのいずれがどの程度の規模とジャンルを擁して残存するかは、そのメディアがどのように変化に対応できるかにかかっている。

テレビであれば、『映像メディア論』でも述べたように[174]、そして、既に一部実現しつつあるように、放送と通信、両者の強み（特性）を活かした仕組みを構築できるかどうかが重要であろう。災害時の一斉同報やスポーツ中継などにおいて、放送と通信それぞれの伝送路における特性を把握して、複合的に組み合わせるモデルが構築できるかどうか、あるいは、双方向性に基づく利用者（アマチュア）からの匿名情報と、マスメディアにおけるプロフェッショナルの専門技能を組み合わせて、利便性と正確性を両立できるかどうかが問われることになろう。

競争の激化とプラットフォームの割拠

伝統的マスメディアが変貌を迫られている一方、勃興しつつあるインターネット動画メディアにも、収益の点で問題が無いわけではない。YouTubeでは、5％のコンテンツが総視聴数の95％を占めている[175]。また、Mathias Bärtlによれば、2006年から2016年までのデータを分析した結果、上位3％のチャンネルがすべてのコンテンツの3割近く（28％）をアップロードし、総視聴数の85％を獲得していることがわかったという[176]。それ以外の膨大な数のチャンネルあるいはコンテンツは、文字通りロングテールであって、個々の視聴数は少ない。プラットフォームは、これらすべてのチャンネルとコンテンツに、配信の基盤を提供しなければならない。このことが、プラットフォームが巨大（利用者が多い）であればあるほど、その経費負担を膨大にし、収益を圧迫する。

特に動画配信専業であるNetflixの収支は赤字が続いている。オリジナル・コンテンツ制作のための経費が莫大であり、会員数の伸びによる収入増が追い

ついていない。Netflix は全世界で会員を獲得するため、オリジナル・コンテンツを量産している。アメリカ国内では、既に、会員数が頭打ちになっているからであるという。しかし、全世界といえども、定額制動画配信に毎月支払いをおこなえる人の数は無限ではない。やがて、会員の伸びが止まった時（飽和点に達した時）、値上げをおこなうことになる。その時に、解約が生じる可能性は否定できない。

事情は中国のプラットフォーム事業者も同様であり、Alibaba（阿里巴巴集団）傘下の動画配信サービス Youku Tudou（優酷土豆）も赤字が続いているといわれる。

メディア・コングロマリットの形成

利用者の嗜好の細分化に対応したニッチなサービスが出現する一方で、プラットフォーム事業者を中核としたコンテンツ・プロバイダやインフラストラクチャを担う回線事業者が合従連衡し、コングロマリットが形成されるという現象も生じている。ターゲットの細分化に対してメディアも細分化するのではなく、細分化したすべてのターゲットに一つのメディアで対応しようとする動きである。その結果、巨大なプラットフォームが、他のメディアを統合し、さらに巨大化する。

2018 年から 2019 年にかけて、こうした大規模なコングロマリットが、次々にアメリカに誕生した。

まず、2018 年 6 月、世界最大の通信会社 AT&T が Time Warner（タイム・ワーナー）を買収した。AT&T は傘下にアメリカ最大の多チャンネル放送事業者である DirecTV を抱えている。一方、タイム・ワーナーは、傘下に HBO、TBS、TNT、Warner Bros. Entertainment といった、有力なテレビ局や映画会社を従えており、それぞれ専門性が高く競争力のあるコンテンツを有している。特に、*Game of Thrones*（『ゲーム・オブ・スローンズ』）という有力なコンテンツを有する HBO は、HBO NOW という動画配信事業も展開している。

2019年には、Disneyによる21st Century Fox（21世紀フォックス）の買収が完了したと発表された。両者は、それぞれ世界全体の歴代興行収入の上位にランクされる*Avatar*（『アバター』）、*Star Wars: The Force Awakens*（『スター・ウォーズ／フォースの覚醒』）、*Marvel's The Avengers*（『アベンジャーズ』）、*Frozen*（『アナと雪の女王』）といった映画を有しており、キラーコンテンツと呼ばれる高収益作品を一手に握ることになる。もともと、Disneyは傘下にテレビ局、映画会社、商品販売、娯楽施設などの企業を抱え、コンテンツ展開の相乗効果を発揮させることをおこなってきた企業だった。Disneyによる21世紀フォックスの買収は、この効果がさらに発揮されることを意味する。
　その一方で、Disneyは、2019年から自社による映像配信サービスを立ち上げ、Netflixへの新作コンテンツの提供を終了すると発表していた。Disneyはこれまでコンテンツ・プロバイダとしてNetflixなど配信事業者にコンテンツを提供する立場にあったのだが、Netflixを始めとするFAANGが動画配信を中核とし、オリジナル・コンテンツも制作しつつあることに、このままでは映像産業の覇権を握られると警戒したと考えられる。そして、2019年5月、Disneyは、アメリカでNetflix、Amazonに次ぐ第3位の配信事業者Huluを買収し、動画配信事業に本格的に参入することを露わにした。ここにいたって、Disneyの狙いが、自社のコンテンツだけの配信をおこなうのではなく、他のコンテンツも揃えて配信し、正面からNetflixと対峙することを視野に入れていることが明らかになったといえる。
　一方、2018年秋には、メディア企業Comcast（コムキャスト）が有料放送事業者Sky（スカイ）を完全子会社化した。Skyは、ヨーロッパを基盤とし、傘下に多くのコンテンツ・プロバイダを抱える有料放送局である。と同時にインターネット通信事業もおこない、動画配信にも参入していた。Comcastの狙いは、ヨーロッパに膨大な契約者を抱えるSkyの顧客基盤と配信技術を統合することによって、相乗効果を発揮させ、Netflixに対抗しようとするものだといわれている。

あらゆる情報のプラットフォームへの統合

　2019年時点では、アメリカの巨大プラットフォームは、それぞれ圧倒的優位性を有する事業を中核に、割拠している。したがって、利用者はあるコンテンツに関連して、いくつか異なった種類のサービスを利用しようとする時、これらプラットフォームを複数利用することになる。

　たとえば、ある映像コンテンツをNetflixで視聴した場合、そのコンテンツに関する情報をさらに得ようとすれば、Googleを使って検索する。その結果、無料の関連動画がYouTubeで見つかれば、そこへ遷移する。その動画を親しい友人に推薦したいとすれば、Facebookのアプリを立ち上げる。その友人から動画に関するノベルティー商品が販売されていることを教えられ、Amazonのサイトへ行って購入する。これらのことをApple製の端末であるiPad上でおこなう。といった具合にFAANGそれぞれのプラットフォームを渡り歩くことになる。これはアメリカにおける巨大プラットフォームが、「はじめに」で述べたとおり、Facebookは会員制SNS、Amazonは電子商取引、AppleはiPhoneなどの情報端末販売、Netflixが動画配信、Googleが検索連動広告という具合に、それぞれの中核事業が特化しているからである。これらが一つにまとまり、その都度、他のサービスに遷移しなくてもよければ、利用者にとっては、煩わしさがない。

　こうしたプラットフォームの一元化は、アメリカの事業者も進めようとしているが中国はそれに先んじつつある。中国の動画配信事業者は、動画配信以外のさまざまなサービスと統合され、通販、不動産、旅行、デーティング（交際相手紹介）などのサービスが無料広告モデルの動画配信と共に展開される例もある[177]。中でも、1999年に設立されたAlibaba（阿里巴巴集団）は世界最大の電子商取引業者となっており、このAlibabaとTencent（騰訊）という2大事業者（Baiduを加え3大事業者とされることもある）は、通販から決済に至るまで中国での生活に関するサービスを網羅しているといわれる。

　中国は動画配信やインターネットにおけるプラットフォーム事業ではアメリカより後発ではあるが、その現状は一足飛びにアメリカを飛び越した統合を

果たしていることになる。このように先発者がたどった技術革新の過程を省略して、後発者が一気に最先端の段階に跳躍することをテクノロジカル・リープフロッグと呼ぶことがある。たとえば、カンボジアでは固定電話が隅々まで普及する段階を経ずして携帯電話がほぼ全土に普及した[178]。後発国が先進国の経由してきた発展段階を省略して一気に最先端のテクノロジーを採用することの利点は、旧式化した技術やシステムを守ろうとする勢力の抵抗を受けることがなく、最先端技術を用いることができるという点にある。

5Gの導入と米中プラットフォームの相剋

　アメリカにおいて、続々とメディア・コングロマリットが形成されていることの背景には、もう一つ別の事情があると推測される。その事情とは、5Gという技術革新への対応である。

　5Gとは、第5世代の意味で、4Gの次の移動通信システムである。通信速度がこれまでよりさらに高速化され、スマートフォンで高画質動画の再生が可能になる。その結果、これまでのように放送波を受信するためのケーブルは不要となり、アメリカでは、コードカッティング（ケーブルテレビの契約解除）が加速すると予測されている。

　YouTubeにおけるチャンネル登録者数で長い間トップの座（「まとめチャンネル」を除く）を守ってきたPew Die Pieがインドのト T-Seriesに抜かれたのは、インドにおいて4Gが普及し、多くの人がスマートフォンで動画を視聴するようになったからだともいわれる。また、中国においても4Gの普及が動画配信を活発化させたといわれる。今後、4Gに代わって5Gが普及すれば、光回線などの通信網というインフラストラクチャが整っていないために動画配信の利用者が多くなかった国々においても、5Gと共に急速にインターネット動画メディアが発展する可能性がある。

　巨大企業による合従連衡にインフラストラクチャである回線を担う通信事業者も加わっている理由は、こうした5Gに関する技術的かつ経営的課題への対応をにらんでのことと想定される。2019年時点では、北アメリカが人口比

でのインターネット利用者の比率が高い。しかし、利用者の絶対数では、アジアの方が多い。今後、5G など技術革新が一気に進めば、アジアがインターネット利用の中心となる可能性がある。特に、動画配信の覇権を競う巨大プラットフォーム事業者の次の戦場は、東南アジアであると予想される。

　タイやマレーシアなど東南アジア各国では、定額制オンデマンド配信サービスへの加入者が増加しており、新たな市場が急成長しつつある。東南アジアにおける有料動画配信の利用率では、Netflix が 2017 年第 3 四半期の時点で 32％を占めて首位に立つ一方、Amazon は 3％ではるか後塵を拝している[179]。ここに中国の Tencent（騰訊）が参入し、2019 年からタイに進出した。東南アジアにおいては、Netflix や Amazon といったアメリカの事業者と自国の事業者との間だけでなく、中国のプラットフォーム事業者との間でも角逐が繰り広げられつつあるといえる。

AI がもたらすアマチュアのプロフェッショナル化

　5G による高速常時接続が実現すれば、すべてのデバイスがスマートフォンに集約され、手元の端末一つであらゆる情報の収集と発信がなされるようになる可能性がある。そうした環境下において、動画によるコミュニケーション革命も、さらに加速すると考えられる。その際、個々の利用者にとってもう一つ重要な影響を及ぼすと想定される技術革新がある。AI（人工知能）である。

　第 7 章で、コンテンツとジャンルの細分化は、ニッチと呼ばれる配信事業者を生みだすと述べた。と同時に細分化は映画制作のビジネスモデルも変化させる。現状では、一方で、数百万ドルの制作費を費やし、劇場公開やテレビでの放送を主として、プロフェッショナルが制作する映像コンテンツ、すなわち PGC（Professionally Generated Content）が存在するのに対し、もう一方では、劇場ではなくインターネットでの配信を主として、アマチュアであるユーザーが制作する映像コンテンツ、すなわち UGC（User Generated Content）が存在する。両者の間には、特に SF やファンタジーなど CG による特殊効果を駆使する作品や専門的訓練を受けた俳優が出演する本格的な劇映画におい

て、制作費の多寡をも一因とする、質の差が存在する。

　しかし、AI の発達は、両者の差を実質的に消滅させる可能性がある。日本では、2016 年に中学生が自由研究で制作した SF 動画『2045』が、その CG の完成度によって注目された。『2045』は、21 世紀半ばに訪れるとされる技術的特異点、すなわち人工知能が人間を超える時をテーマにした作品で、渋谷のビル群が爆発するシーンのリアリティーが話題を呼んだ。CG の制作にはオープンソースの Blender を利用し、機材は比較的低廉なノートパソコンであるという。AI の支援によって、CG の技術が今後さらに発達すれば、アマチュアでも高度な特殊効果を駆使した作品がこれまでよりも容易に制作できるようになるだろう。

　Kyncl と Peyvan は、「インターネット・クリエイターとディジタル・ネットワークは成長を続けて成熟し、今日我々がテレビで見ているのと極めて近い野心的な動画を創造するようになる」[180] と述べている。映画編集者の Walter Murch は 20 世紀の末に「二一世紀中盤には、デジタル技術は最高点に到達し、たったひとりの人間だけで、バーチャル俳優を配した映画を製作することが可能になっているだろう」[181] と記した。この言葉は 2016 年に発行した『映像メディア論』でも紹介した [182] が、以来 3 年を経過して、ますます現実味を帯びているといえる。

　AI の発達によって、いずれは、AI が撮影し、編集をする時代が来ることも考えられないことではない。また、AI が記事を書き、動画を配信し、解説することもおこなわれうる。その時、インターネット動画メディアにおいては、送り手の匿名性が保たれたまま、リアリティーのある動画が氾濫し、虚構と現実の境界が曖昧になる可能性もある。

VR によるサイバー映像空間の生成

　虚構と現実の領域が溶融することは、VR 映像の発達によっても生じている。VR すなわち virtual reality（ヴァーチャル・リアリティー、日本語では「仮想現実」とも訳される）の技術は既に 20 世紀後半から開発が試みられていた

が、2010年代半ばに、技術革新と共に改めて脚光を浴びることになった。VRの将来性に注目したFacebookは、2014年、VR制作会社のOculusを買収している。

　南カリフォルニア大学（USC）は、ホロコーストの生存者の証言を元にナチスの絶滅収容所をVRで再現し、収容所を体感できる設備を開発している。いずれインターネット動画配信とこうしたVRによる空間再現が結びつけば、地球上のあらゆる場所に仮想的に移動してその空間を体感したり、歴史上の空間に擬似的にタイムスリップしたりすることも試みられるようになるだろう。旅行業界も、VRを用いて、いながらにして旅行を疑似体験できるコンテンツを開発中と伝えられている。

　前節では、AIが作成した動画が匿名のまま流通する環境を想定したが、匿名性という観点からは、既にVTuberが登場して、架空のキャラクターによって、動画が配信される状況となっている。

　VTuberとはVirtual YouTuberの略で、イラストレーションやCGによる二次元または三次元のキャラクターを創成し、そのキャラクターが擬似的なYouTuberとなって動画を配信するものといえる。日本では、2017年から2018年にかけて、VTuberがインターネット動画メディアにおける新たな潮流となった。キズナアイ、輝夜月（かぐやるな）などのVtuberが人気を博し、イベントも開催された。

　こうした情勢のもとで、キャラクターの作成、動画の制作、アップロード、広告収入の分配などを統合して処理できるアプリケーションもスマートフォン向けに開発され公開された。

　VTuberは、実名や顔をさらさずに配信するという点で、YouTuberによる動画配信とは根本的な差異がある。第6章において、YouTuberと視聴者との距離感が映画やテレビよりも近く、Snapchatにおいてはさらに近いということを考察した。VTuberについては、視聴者と対峙しているキャラクターが実在のものではないという点で、両者の距離は限りなく遠いとも、あるいは、距離の感覚が消滅したとも考えられる。VTuberの距離感がYouTuberとは

根本的に異なるとすれば、そこに発生する視聴者の親近感もまた、YouTuberとは異なるヴァーチャルなものであろう。

　既に、SnapchatなどのSNS動画アプリによって作成された動画の多くは、フィルターによる加工がほどこされ、現実の姿とは異なる、美化されたりデフォルメされたりした顔や身体が映し出されている。VTuberの登場は、異なる風貌と人格が動画によって交信する新たな映像コミュニケーションの一形態をさらに深化させるといえるだろう。

次世代の映像コミュニケーション

　Louisa HaとGi Woong Yunは、インターネット動画メディアにおける利用者のほとんどが、観るだけの視聴者であって、積極的な投稿者は少ないとし、その理由の一つは、動画制作の技術と機材に差があるからだと考察している[183]。しかし、機材に関してはスマートフォン搭載カメラの性能は既にかなり高性能となっている。そして、近い将来、スマートフォンにダウンロードしたアプリによって、撮影はAIが指南ないしは代行し、編集もAIが効率化ないし自動化するとなれば、動画投稿の障壁の一つとなっている「差」は事実上消滅する。写真に関しては、人びとはもはや、スマートフォンを用いて自在に撮影し、フィルターによる加工をほどこした写真を、Instagramなどに投稿している。動画に関しても同様となる可能性がある。とりわけZ世代においては、動画を操ることは、特殊なことではなくなっていくと考えられる。

　図9-1は、アメリカにおけるソーシャル・ネットワーキング・サービスについての若年層（12歳〜17歳）の支持率（最も好むものは何か）について、その推移を示すものである。

　図からは、この5年ほどの間に、若年層が支持するソーシャル・ネットワーキング・サービスが入れ代わっていることが読み取れる。2012年秋にはFacebookが1位で42％、Twitterが2位で27％の支持を得ていた。ところが、両者の比率はその後、急落し、2019年春には、Facebook、Twitter共に6％まで落ち込んでいる。それに代わって、急速に支持を集めたのが、Snapchat

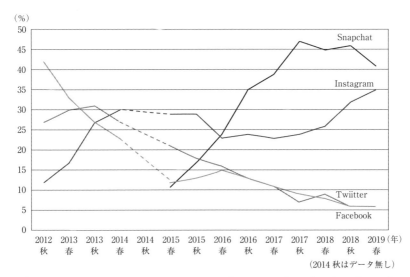

図 9-1　アメリカにおけるソーシャル・ネットワーキング・サービスの支持率（12 歳〜17 歳）[184]

であり、2019 年春には 41％の支持を得て 1 位となった。2 位には、これも Facebook や Twitter と入れ代わるようにして上昇した Instagram が位置し 35％の支持を得ている。

　第 6 章で述べたとおり、Facebook や Twitter といったテクスト（文字）が主なコミュニケーション・ツールだったソーシャル・ネットワーキング・サービスを使用する人びとはミレニアル世代でディジタル・ネイティブであり、Snapchat や Instagram のような映像が主なコミュニケーション・ツールであるソーシャル・ネットワーキング・サービスを使用する人びとは Z 世代でスマートフォン・ネイティブといわれる。Facebook と Twitter から Snapchat と Instagram へと、若年層に支持されるソーシャル・ネットワーキングサービスが入れ代わっていることは、ミレニアル世代から Z 世代への世代交代を反映しているとみなすことができよう。そして、この世代交代は、次の時代を担う世代は、映像をコミュニケーション・ツールとして操る世代であることを

も意味している。

　19世紀の末、映画の誕生によって人類は動く映像を手にしたが、その後100年に渡り、一般の人びとが編集や加工をほどこした映像をコミュニケーションの手段に用いることは不可能であるか極めて困難なこととされてきた。それが、今、インターネット動画メディアの興隆によって可能になりつつある。日本では「百聞は一見にしかず」というが、アメリカでは「1枚の絵は1000語に匹敵する」といわれる。この言い方に準じて、James McQuivey は、「1分の動画は180万語に匹敵する」とした[185]。動画は言語や文字とは性質が異なるものとはいえ、その表現能力は言語や文字を凌駕するといえる。とすれば、人類はこれまでにない表現能力をもつコミュニケーション・ツールを手にしたことになる。現状では、実際に動画を制作したり投稿したりしている人は、まだ一部にしかすぎない。しかし、それが誰にでも可能になったということが重要な意義を持つ。

　フランスの哲学者 Gilles Deleuze（ジル・ドゥルーズ）は、「偉大な映画作家たちは、概念の代わりに、運動イメージおよび時間イメージによって思考する」と述べた[186]。動画を自在に操る次世代の人びとの中には、そうした思考法が根付いていく可能性もある。映像メディアは、映画からテレビへ、そしてインターネットでの動画配信へと転換してきたが、それは、今日における映像コミュニケーション革命の準備段階であったととらえることもできよう。そして、その革命の先に、今、人類は映像という新たな道具を自在に操る時代を迎えつつある。それは、言語に加えて、映像がコミュニケーションを担う時代であり、その時代への転成を先導するのが、インターネット動画メディアであるといえる。

注

（サイトの URL について特に断りのない場合は、2019 年 7 月 1 日閲覧）
（ページが表示されない Kindle 版の資料については、端末により表示位置が異なるため、章題または資料名のみを記載）

1) insivia. "28 Video Stats for 2018." https://www.insivia.com/28-video-stats-2018/.
2) Advanced Television. "Ad-spend on YouTube, Facebook to grow 130% in 5 years." https://advanced-television.com/2018/01/30/ad-spend-on-youtube-facebook-to-grow-130-in-5-years/.
3) Brown, Gareth. "57 Articles about Media: Angling for the future of TV" に掲載の図による。［原資料］Nielsen. https://futureofmedia2012.blogspot.com/2016/10/angling-for-future-of-tv.html.
4) Interactive Advertising Bureau. "IAB internet advertising revenue report 2017 full year results." May 2018, https://www.iab.com/wp-content/uploads/2018/05/IAB-2017-Full-Year-Internet-Advertising-Revenue-Report.REV_.pdf.
5) eMarketer. "US TV and Digital Video Ad Spending, 2018-2022." 29 May 2019 に掲載の図に日本語訳を加え、単位を改めて作成。テレビには、ケーブルテレビも含む。インターネット動画には、デスクトップ、ラップトップ、スマートフォンを含む。https://www.emarketer.com/Chart/US-TV-Digital-Video-Ad-Spending-2018-2022-billions/222488.
6) 総務省『令和元年版情報通信白書』2019、p.286.［原資料］総務省情報通信政策研究所「平成 30 年度情報通信メディアの利用時間と情報行動に関する調査」。
7) 電通『2018 年 日本の広告費』http://www.dentsu.co.jp/knowledge/ad_cost/2018/.
8) GEM Partners の調査による。https://prtimes.jp/main/html/rd/p/000000027.000013190.html.
9) Reuters. "Alphabet Earnings Up as Ads Surge on YouTube and Mobile Devices." 27 April 2017, *Fortune*, http://fortune.com/2017/04/27/alphabet-earnings-up-as-ads-surge-on-youtube-and-mobile-devices/.
10) Godard, Jean-Luc. *Introduction à une véritable histoire du cinema*. Editions Albatros, 1980, p.23. ジャン=リュック・ゴダール、奥村昭夫［訳］『ゴダール 映画史（全）』筑摩書房、2012
11) 辻泰明『映像メディア論──映画からテレビへ、そして、インターネットへ』和泉書院、2016

12) Statista のデータによる。https://www.statista.com/statistics/259477/hours-of-video-uploaded-to-youtube-every-minute/.
13) Johnson, Catherine. *Online TV*. Kindle ed., Taylor and Francis. 2019.
14) Paxson, Peyton. *Mass Communications: An Introduction*. 2nd ed., Kindle ed., Bloomsbury Academic, 2018.
15) Lobato, Ramon. *Netflix Nations: The Geography of Digital Distribution*. Kindle ed., New York University Press. 2019.
16) Statista のデータを元に作成。元の表のうち Baidu Tieba、Skype、Viber は過去12か月間において、利用者数を更改しておらず、データが古いため除外した。また、Linkedin と Snapchat は月間アクティブ・ユーザーを公開していないため、利用者数は他の調査の資料に拠る。
17) Statista. "Most famous social network sites worldwide as of April 2019, ranked by number of active users." https://www.statista.com/statistics/272014/global-social-networks-ranked-by-number-of-users/.
18) Aslam, Salman. "YouTube by the Numbers: Stats, Demographics & Fun Facts." *OMNICORE*, https://www.omnicoreagency.com/youtube-statistics/.
19) Schramm, Wilbur. "How Communication Works." *The Process and Effects of Communication*, edited by Wilbur Schramm. Urbana: University of Illinois Press, 1955, pp. 3-26.
20) Anderson, Chris. *The Long Tail: Why the Future of Business Is Selling Less of More*. Hachette Books. Kindle ed., 2010.
21) O'Reilly, Tim. "What Is Web 2.0: Design Patterns and Business Models for the Next Generation of Software." 30 September 2005, https://www.oreilly.com/pub/a/web2/archive/what-is-web-20.html.
　日本語ページは、https://japan.cnet.com/article/20090039/5/.
22) Jenkins, Henry, Sam Ford and Joshua Green. *Spreadable Media: Creating value and meaning in a networked culture*. Kindle ed., New York: New York University Press. 2013, p.49.
23) Jenkins, Henry, Sam Ford and Joshua Green. *Spreadable Media: Creating value and meaning in a networked culture*. Kindle ed., New York: New York University Press. 2013, p.176.
24) Burgess, Jean and Joshua Green. *YouTube: online video and participatory culture*. 2nd ed., Kindle ed., Polity Press, 2018, p.2.
25) O'Reilly, Tim. "What Is Web 2.0: Design Patterns and Business Models for the

Next Generation of Software." 30 September 2005, https://www.oreilly.com/pub/a/web2/archive/what-is-web-20.html.

　　日本語ページは、https://japan.cnet.com/article/20090039/5/.
26）Paxson, Peyton. *Mass Communications: An introduction*. 2nd ed., Kindle ed., Bloomsbury Academic, 2018.
27）Scott, Will. "Find your target audience with YouTube video advertising." より。https://marketingland.com/find-target-audience-youtube-video-advertising-224480.
28）Covington, Paul, Jay Adams, and Emre Sargin. "Deep Neural Networks for YouTube Recommendations." *Proceedings of the 10th ACM Conference on Recommender Systems*. New York: ACM, 2016, pp.191-198.
29）Newton, Casey. "How YouTube Perfect the Feed." *The Verge*. 30 August 2017, https://www.theverge.com/2017/8/30/16222850/youtube-Google-brain-algorithm-video-recommendation-personalized-feed.
30）MAVISE. http://mavise.obs.coe.int/.
31）Lobato, Ramon. *Netflix Nations: The Geography of Digital Distribution*. Kindle ed., New York University Press, 2019.
32）Ha, Louisa. "YouTube as a Global Online Video Portal and an Alternative to TV." edited by Louisa Ha, *The Audience and Business of YouTube and Online Videos*, Kindle ed., Lexington Books, 2018.
33）App Annie と IDC の調査によれば、フリーミアムモデルの課金者の割合が 2〜5% が最多という。*Social Game Info*. https://gamebiz.jp/?p=128622.
34）Cunningham, Stuart and David Craig. *Social Media Entertainment: The New Intersection of Hollywood and Silicon Valley*. Kindle ed., New York University Press, 2019, p.23.
35）Burgess, Jean and Joshua Green. *YouTube: online video and participatory culture*. 2nd ed., Kindle ed., Polity Press, 2018, p.vi.
36）Burgess, Jean and Joshua Green. *YouTube: online video and participatory culture*. 2nd ed., Kindle ed., Polity Press, 2018, p.11.
37）Strangelove, Michael. *Post-TV: Piracy, Cord-Cutting, and the Future of Television*. Toronto: University of Toronto Press, 2015.
38）Burgess, Jean and Joshua Green. *YouTube: online video and participatory culture*. 2nd ed., Kindle ed., Polity Press, 2018, p.58.
39）Kristen Purcell. "Main Findings: ONLINE VIDEO 2013." Pew Research Center. 10 October 2013. https://www.pewinternet.org/2013/10/10/main-findings/.

40) Elder, Robert. "Where YouTube Red Stands After a Year." *Business Insider*, 5 January 2017, https://www.businessinsider.com/heres-where-youtube-red-stands-after-one-year-2017-1.
41) macrotrends. "Netflix Revenue 2006-2019." https://www.macrotrends.net/stocks/charts/NFLX/netflix/revenue.
42) Statista. "Number of Netflix paying streaming subscribers worldwide from 3rd quarter 2011 to 1st quarter 2019 (in millions)." https://www.statista.com/statistics/250934/quarterly-number-of-netflix-streaming-subscribers-worldwide/.
43) macrotrendsのデータによる。https://www.macrotrends.net/stocks/charts/NFLX/netflix/revenue.
44) Statistaのデータを元に作成。https://www.statista.com/statistics/250934/quarterly-number-of-netflix-streaming-subscribers-worldwide/
45) Faughnder, Ryan. "Home Video Sales Shrank Again in 2016 as Americans Switched to Streaming." *Los Angeles Times*, 6 January 2017.
46) 日本映像ソフト協会「〈広報資料〉映像ソフト市場規模及びユーザー動向調査2018」より。
47) McDonald, Kevin and Daniel Smith-Rowsey Editors. *The Netflix effect: technology and entertainment in the 21st century*. Kindle ed., Bloomsbury Academic, 2016.
48) Yuen, Nancy Wang. *Reel Inequality: Hollywood Actors and Racism*. Kindle ed., New Brunswick, NJ: Rutgers University Press, 2017, p.15
49) Shaw, Lucas. "Netflix Sets Record With 23 Emmys, Tying HBO for TV Awards." *Bloomberg*. 18 September 2018, 12:25 PM GMT+9 Updated on 19 September 2018, 12:15 AM GMT+9.
50) Sakoui, Anousha and David Caleb Mutua. "Netflix Crowned King of TV, Toppling HBO in Emmy Nominations." *Bloomberg*. 13 July 2018. 2:31 AM GMT+9 Updated on 13 July 2018. 3:41 AM GMT+9.
51) Statistaのデータによる。https://www.statista.com/statistics/707302/netflix-video-content-budget/.
52) Television Academy. "2019 Primetime Emmy Awards Nominee Totals Per Network" http://www.emmys.com［2019年8月1日閲覧］
53) Lobato, Ramon. *Netflix Nations: The Geography of Digital Distribution*. Kindle ed., New York University Press. 2019.
54) Lobato, Ramon. *Netflix Nations: The Geography of Digital Distribution*. Kindle ed., New York University Press. 2019.

55) Roy Morgan Researchによる。http://www.roymorgan.com/findings/6957-svod-overtakes-foxtel-pay-tv-in-australia-august-2016-201609081005.
56) Roy Morgan Researchによる。http://www.roymorgan.com/findings/7242-netflix-subscriptions-march-2017-201706080957.
57) Lobato, Ramon. *Netflix Nations: The Geography of Digital Distribution*. Kindle ed., New York University Press. 2019.
58) Dunn, Jeff. "Netflix now has more subscribers internationally than in the US." *Business Insider*, https://www.businessinsider.my/netflix-subscribers-international-vs-us-earnings-chart-2017-7/.
59) Statista 2019による。https://www.statista.com/statistics/250934/quarterly-number-of-netflix-streaming-subscribers-worldwide/.
60) Lobato, Ramon. *Netflix Nations: The Geography of Digital Distribution*. Kindle ed., New York University Press. 2019..
61) Lobato, Ramon. *Netflix Nations: The Geography of Digital Distribution*. Kindle ed., New York University Press. 2019..
62) Lobato, Ramon. *Netflix Nations: The Geography of Digital Distribution*. Kindle ed., New York University Press. 2019..
63) Lobato, Ramon. *Netflix Nations: The Geography of Digital Distribution*. Kindle ed., New York University Press. 2019.
64) ニールセンのデータによる。https://www.netratings.co.jp/news_release/2019/02/Newsrelease20190227.html.
65) Perkins, Claire and Constantine Verevis Editors. *Transnational Television Remakes*. Kindle ed., Taylor and Francis, 2016, p.1
66) Lobato, Ramon. *Netflix Nations: The Geography of Digital Distribution*. Kindle ed., New York University Press. 2019.
67) Manovich, Lev. *Instagram and Contemporary Image*. 2018, PDF, http://manovich.net/index.php/projects/instagram-and-contemporary-image.
68) Jenkins, Henry. *Convergence Culture: Where Old and New Media Collide*. Kindle ed., New York: New York University Press, 2006, p.290
69) Burgess, Jean and Joshua Green. *YouTube: online video and participatory culture*. 2nd ed., Kindle ed., Polity Press, 2018, p.vii
70) Aslam, Salman. "YouTube by the Numbers: Stats, Demographics & Fun Facts." *OMNICORE*. https://www.omnicoreagency.com/youtube-statistics/.
71) YouTube Official Blog. "You know what's cool? A billion hours." 27 February

2017. https://youtube.Googleblog.com/2017/02/you-know-whats-cool-billion-hours.html.

72） Perez, Sarah. "YouTube's App is Dominating Mobile by Monthly Users, Time Spent." *TechCrunch*, 13 September 2017, https://techcrunch.com/2017/09/13/youtubes-app-is-dominating-mobile-video-by-monthly-users-time-spent/.

73） Pew Research Center. "Teens, Social Media & Technology 2018." https://www.pewinternet.org/2018/05/31/teens-social-media-technology-2018/.

74） Burgess, Jean and Joshua Green. *YouTube: online video and participatory culture*. 2nd ed., Kindle ed., Polity Press, 2018, p.6 参照

75） Ha, Louisa. "Most Popular YouTube Channels." *The Audience and Business of YouTube and Online Videos*, edited by Louisa Ha, Kindle ed., Lexington Books, 2018.

76） 表および図ともSOCIALBLADEのデータを元に作成。なお、チャンネルのうちNews（チャンネル名）においてはChannel Typeが空欄となっていたが、内容からNewsのTypeに類別した。

77） 正確には2019年7月10日9時台の数値。

78） Fisher, Alyssa and Louisa Ha. "What Do Digital Natives Watch on YouTube?" *The Audience and Business of YouTube and Online Videos*, edited by Louisa Ha, Kindle ed., Lexington Books, 2018

79） Ha, Louisa. "Most Popular YouTube Channels." *The Audience and Business of YouTube and Online Videos*, edited by Louisa Ha, Kindle ed., Lexington Books, 2018.

80） Kyncl, Robert and Maany Peyvan. *Streampunks: How YouTube and the New Creators are Transforming Our Lives*. Kindle ed., New York: Harper Collins, 2017.

81） Ha, Louisa. "Most Popular YouTube Channels." *The Audience and Business of YouTube and Online Videos*, edited by Louisa Ha, Kindle ed., Lexington Books, 2018.

82） Ha, Louisa. "Most Popular YouTube Channels." *The Audience and Business of YouTube and Online Videos*, edited by Louisa Ha, Kindle ed., Lexington Books, 2018.

83） YouTubeヘルプ掲載「YouTubeの広告フォーマット」より。https://support.google.com/youtube/answer/2467968?hl=ja&ref_topic=9239982.

84） Scott, Will. "Find Your Target Audience with YouTube Video Advertising." 2017, https://marketingland.com/find-target-audience-youtube-video-advertising-224480.

85） Kim, Kisun and Claire Youngnyo Joa. "Online Video Advertising Viewership and Avoidance on YouTube." *The Audience and Business of YouTube and Online Videos*, edited by Louisa Ha, Kindle ed., Lexington Books, 2018.

86） Kim, Kisun and Claire Youngnyo Joa. "Online Video Advertising Viewership and Avoidance on YouTube." *The Audience and Business of YouTube and Online Videos*,

edited by Louisa Ha, Kindle ed., Lexington Books, 2018.
87) Kyncl, Robert and Maany Peyvan. *Streampunks: How YouTube and the New Creators are Transforming Our Lives*. Kindle ed., New York: Harper Collins, 2017.
88) Bi, Nicky Chang. "YouTube Product Review Videos as eWOM." *The Audience and Business of YouTube and Online Videos*, edited by Louisa Ha, Kindle ed., Lexington Books, 2018.
89) Kyncl, Robert and Maany Peyvan. *Streampunks: How YouTube and the New Creators are Transforming Our Lives*. Kindle ed., New York: Harper Collins, 2017.
90) Ha, Louisa. "Most Popular YouTube Channels." *The Audience and Business of YouTube and Online Videos*, edited by Louisa Ha, Kindle ed., Lexington Books, 2018.
91) 辻泰明『映像メディア論──映画からテレビへ、そして、インターネットへ』和泉書院、2016、「第1章1-2映像メディアの転換における三つの経験則──断絶、包含、膨張」参照。
92) 辻泰明『昭和期放送メディア論──女性向け教養番組における「花」の系譜』、和泉書院、2018、p.99.
93) Allen, I. Elaine and Jeff Seaman. "Digital Learning Compass: Distance Education Enrollment Report 2017." Babson Survey Research Group, e-Literate and WCET, 2017, https://onlinelearningsurvey.com/reports/digtiallearningcompassenrollment2017.pdf, p.4.
94) Johnson, Eric. "Why YouTube Doesn't (Yet) Spend As Much As Netflix on Original Shows." *Recode*, 16 October 2017, https://www.vox.com/2017/10/16/16479628/youtube-susan-wojcicki-netflix-original-content-house-cards-kara-swisher-recode-decode-podcast.
95) Kyncl, Robert and Maany Peyvan. *Streampunks: How YouTube and the New Creators are Transforming Our Lives*. Kindle ed., New York: Harper Collins, 2017.
96) Ault, Susanne. "Survey: YouTube Stars More Popular Than Mainstream Celebs Among U.S. Teens." *Variety.com*, 5 August 2014. https://variety.com/2014/digital/news/survey-youtube-stars-more-popular-than-mainstream-celebs-among-u-s-teens-1201275245/.

Ault, Susanne. "Digital Star Popularity Grows Versus Mainstream Celebrities. YouTube creators get even more influential than last year among U.S. teens." *Variety.com*, 23 July 2015, https://variety.com/2015/digital/news/youtubers-teen-survey-ksi-pewdiepie-1201544882/.
97) 正確には2019年7月10日9時台の数値。
98) Ha, Louisa. "Most Popular YouTube Channels." *The Audience and Business of*

YouTube and Online Videos, edited by Louisa Ha, Kindle ed., Lexington Books, 2018.

99) Comscore のデータによる。Press Release. "Comscore Releases January 2014 U.S. Online Video Rankings." https://www.comscore.com/Insights/Press-Releases/2014/2/comScore-Releases-January-2014-US-Online-Video-Rankings.

100) 正確には 2019 年 7 月 10 日 9 時台の数値。

101) Ha, Louisa. "YouTube as a Global Online Video Portal and an Alternative to TV." *The Audience and Business of YouTube and Online Videos*, edited by Louisa Ha, Kindle ed., Lexington Books, 2018.

102) Cannell, Sean and Benji Travis. *YouTube Secrets: The Ultimate Guide to Growing Your Following and Making Money as a Video Influencer*. Kindle ed., Lioncrest Publishing, 2018, p.14

103) Cannell, Sean and Benji Travis. *YouTube Secrets: The Ultimate Guide to Growing Your Following and Making Money as a Video Influencer*. Kindle ed., Lioncrest Publishing, 2018, pp.15-16

104) Zhang, Fiouna Ruonan and Nicky Chang Bi. "YouTube and Other Social Media." *The Audience and Business of YouTube and Online Videos*, edited by Louisa Ha, Kindle ed., Lexington Books, 2018.

105) Pittman, Taylor. "How YouTubers Became A New Breed of Celebrity That Hollywood Stars Can't Touch." *Huffington Post Australia*, 6 December 2017, http://www.huffingtonpost.com.au/entry/teens-prefer-youtubers-over-celebrities_n_6801792.html?section=australia.

106) Kyncl, Robert and Maany Peyvan. *Streampunks: How YouTube and the New Creators are Transforming Our Lives*. Kindle ed., New York: Harper Collins, 2017.

107) Kyncl, Robert and Maany Peyvan. *Streampunks: How YouTube and the New Creators are Transforming Our Lives*. Kindle ed., New York: Harper Collins, 2017.

108) think with Google. "Programming and Channel Strategy." https://www.thinkwithgoogle.com/features/youtube-playbook/topic/programming-channel-strategy/.

109) Sanchez, Jack. *YouTube Marketing: Tips and Tricks for Better Conversions Using YouTube Marketing Strategies*. Kindle ed., Amazon Services International, 2019.

110) Ha, Louisa. "Most Popular YouTube Channels." *The Audience and Business of YouTube and Online Videos*, edited by Louisa Ha, Kindle ed., Lexington Books, 2018.

111) Postigo, Hector. "The Socio-Technical Architecture of Digital Labor: Converting Play into Youtube Money." *New Media & Society*, vol.18, no.2, 2014, p.7. PDF

112) Zhang, Fiouna Ruonan and Nicky Chang Bi. "YouTube and Other Social Media."

The Audience and Business of YouTube and Online Videos, edited by Louisa Ha, Kindle ed., Lexington Books, 2018.
113) Paxson, Peyton. *Mass Communications: An introduction*. 2nd ed., Kindle ed., Bloomsbury Academic, 2018.
114) Ha, Louisa. "What's Next for Online Video Audience Research?" *The Audience and Business of YouTube and Online Videos*, edited by Louisa Ha, Kindle ed., Lexington Books, 2018.
115) Kyncl, Robert and Maany Peyvan. *Streampunks: How YouTube and the New Creators are Transforming Our Lives*. Kindle ed., New York: Harper Collins, 2017.
116) Aslam, Salman. "YouTube by the Numbers: Stats, Demographics & Fun Facts." *OMNICORE*, https://www.omnicoreagency.com/youtube-statistics/.
117) Funk, Matthias. "How Many YouTube Channels Are There?" *tubics*, https://www.tubics.com/blog/number-of-youtube-channels/.
118) Ha, Louisa. "How Digital Natives Watch Online Videos Digital Divide and Media Devices." *The Audience and Business of YouTube and Online Videos*, edited by Louisa Ha, Kindle ed., Lexington Books, 2018.
119) Wen, Xiaoli. "Comments on YouTube Product Review Videos." *The Audience and Business of YouTube and Online Videos*, edited by Louisa Ha, Kindle ed., Lexington Books, 2018.
120) Wen, Xiaoli. "Comments on YouTube Product Review Videos." *The Audience and Business of YouTube and Online Videos*, edited by Louisa Ha, Kindle ed., Lexington Books, 2018.
121) Paxson, Peyton. *Mass Communications: An introduction*. 2nd ed., Kindle ed., Bloomsbury Academic, 2018.
122) Funk, Matthias. "How Many YouTube Channels Are There?" *tubics*, https://www.tubics.com/blog/number-of-youtube-channels/.
123) Litvin, Stephen W., Ronald E. Goldsmith and Bing Pan. "Electronic Word-of-Mouth in Hospitality and Tourism Management." *Tourism Management*, vol. 29 no. 3, June 2008, pp.458–468. PDF
124) Skelton, Eric. "YouTube's Algorithms Keep Recommending This Song, and It's a Hidden Gem." Pigeons and Planes, 21 October 2017, https://www.complex.com/pigeons-and-planes/2017/10/boy-pablo-everytime-youtube-algorithm-interview.
125) Paxson, Peyton. *Mass Communications: An introduction*. 2nd ed., Kindle ed., Bloomsbury Academic, 2018.

126) Paxson, Peyton. *Mass Communications: An introduction*. 2nd ed., Kindle ed., Bloomsbury Academic, 2018.
127) Jenkins, Henry. *Convergence Culture: Where Old and New Media Collide*. Kindle ed., New York: New York University Press, 2006, p.14
128) Paxson, Peyton. *Mass Communications: An introduction*. 2nd ed., Kindle ed., Bloomsbury Academic, 2018.
129) Paxson, Peyton. *Mass Communications: An introduction*. 2nd ed., Kindle ed., Bloomsbury Academic, 2018.
130) Kyncl, Robert and Maany Peyvan. *Streampunks: How YouTube and the New Creators are Transforming Our Lives*. Kindle ed., New York: Harper Collins, 2017.
131) Paxson, Peyton. *Mass Communications: An introduction*. 2nd ed., Kindle ed., Bloomsbury Academic, 2018.
132) Paxson, Peyton. *Mass Communications: An introduction*. 2nd ed., Kindle ed., Bloomsbury Academic, 2018.
133) Paxson, Peyton. *Mass Communications: An introduction*. 2nd ed., Kindle ed., Bloomsbury Academic, 2018.
134) Jenkins, Henry. *Textual poachers: television fans and participatory culture*. Updated 20th anniversary edition, Kindle ed., Taylor and Francis, 2013, pp.54-60
135) Bury, Rhiannon. *Television 2.0: Viewer and Fan Engagement with Digital TV*. Kindle ed., Peter Lang Publishing, 2017, p.104
136) Kyncl, Robert and Maany Peyvan. *Streampunks: How YouTube and the New Creators are Transforming Our Lives*. Kindle ed., New York: Harper Collins, 2017.
137) Kyncl, Robert and Maany Peyvan. *Streampunks: How YouTube and the New Creators are Transforming Our Lives*. Kindle ed., New York: Harper Collins, 2017.
138) U.S. Census Bureau. "New Census Bureau Report Analyzes U.S. Population Projections." 3 March 2015, https://www.census.gov/newsroom/press-releases/2015/cb15-tps16.html.
139) Kyncl, Robert and Maany Peyvan. *Streampunks: How YouTube and the New Creators are Transforming Our Lives*. Kindle ed., New York: Harper Collins, 2017.
140) Raun, Tobias. *Out Online: Trans Self-Representation and Community Building on YouTube*. Kindle ed., New York: Routledge, 2016.
141) Paxson, Peyton. *Mass Communications: An introduction*. 2nd ed., Kindle ed., Bloomsbury Academic, 2018.
142) Mediakix. "The Top 10 Asian YouTubers that Are Shaping the Space." 17 May

143) Kyncl, Robert and Maany Peyvan. *Streampunks: How YouTube and the New Creators are Transforming Our Lives*. Kindle ed., New York: Harper Collins, 2017.
144) Alexa. "youtube.com Competitive Analysis, Marketing Mix and Traffic -Audience Geography Estimate -All visitors to this site in the past 30 days." https://www.alexa.com/siteinfo/youtube.com#?sites=youtube.com.［2019年7月10日閲覧］
145) Kyncl, Robert and Maany Peyvan. *Streampunks: How YouTube and the New Creators are Transforming Our Lives*. Kindle ed., New York: Harper Collins, 2017.
146) Kyncl, Robert and Maany Peyvan. *Streampunks: How YouTube and the New Creators are Transforming Our Lives*. Kindle ed., New York: Harper Collins, 2017.
147) Buckingham, David. *Media Education; Literacy, Learning and Contemporary Culture*. Kindle ed., Cambridge, England: Polity, 2003, p.3.
148) Mitchell, Amy et al. "Ideological Placement of Each Source's Audience." Pew Research Center, *Political Polarization & Media Habits*, 21 October 2014, https://www.journalism.org/2014/10/21/political-polarization-media-habits/pj_14-10-21_mediapolarization-08/.
149) Paxson, Peyton. *Mass Communications: An introduction*. 2nd ed., Kindle ed., Bloomsbury Academic, 2018.
150) Paxson, Peyton. *Mass Communications: An introduction*. 2nd ed., Kindle ed., Bloomsbury Academic, 2018.
151) 辻泰明『映像メディア論――映画からテレビへ、そして、インターネットへ』和泉書院、2016、p.124.
152) Paxson, Peyton. *Mass Communications: An introduction*. 2nd ed., Kindle ed., Bloomsbury Academic, 2018.
153) Vexxed. "I show how much YouTube pays me（$24,000）." YouTube. 2 November 2016, https://www.youtube.com/watch?v=R7WhQv77PW8.
154) Marshall, Claire. "SOFT GLITTERING GLOW・AD ¦ heyclaire." YouTube. 24 February 2017.
155) Federal Trade Commission. "CSGO Lotto Owners Settle FTC's First-Ever Complaint Against Individual Social Media Influencers -Owners must disclose material connections in future posts; FTC staff also sends 21 warning letters to prominent social media influencers." 7 September 2017.
156) Federal Trade Commission. "The FTC's Endorsement Guides: What People Are

Asking." September 2017.
157) Aglionby, John and Matthew Garrahan. "Kenya Threatens to Ban Netflix over 'Inappropriate Content'." *Financial Times*, 21 January 2016.
158) Gunawan S., Arif. "Indonesia's Telkom Effectively Blocks Netflix." *Jakarta Post*, 27 January 2016, https://www.thejakartapost.com/news/2016/01/27/indonesia-s-telkom-effectively-blocks-netflix.html.
159) Paxson, Peyton. *Mass Communications: An introduction*. 2nd ed., Kindle ed., Bloomsbury Academic, 2018.
160) O'Reilly, Tim "What Is Web 2.0 Design Patterns and Business Models for the Next Generation of Software." 30 September 2005. https://www.oreilly.com/pub/a/web2/archive/what-is-web-20.html.

　　日本語ページは、https://japan.cnet.com/article/20090039/5/.
161) Paxson, Peyton. *Mass Communications: An introduction*. 2nd ed., Kindle ed., Bloomsbury Academic, 2018.
162) Burgess, Jean and Joshua Green. *YouTube: online video and participatory culture*. 2nd ed., Kindle ed., Polity Press, 2018, pp.19-20
163) Burgess, Jean and Joshua Green. *YouTube: online video and participatory culture*. 2nd ed., Kindle ed., Polity Press, 2018, p.4.
164) Nye, Jr., Joseph S.. Soft Power: *The Means To Success In World Politics*. Kindle ed., PublicAffairs. 2004, pp.11-14
165) Paxson, Peyton. *Mass Communications: An introduction*. 2nd ed., Kindle ed., Bloomsbury Academic, 2018.
166) Arango, Tim. "Broadcast TV Faces Struggle to Stay Viable." *New York Times*. 27 February 2009.
167) Kyncl, Robert and Maany Peyvan. *Streampunks: How YouTube and the New Creators are Transforming Our Lives*. Kindle ed., New York: Harper Collins, 2017.
168) Fisher, Alyssa and Louisa Ha. "What Do Digital Natives Watch on YouTube?" *The Audience and Business of YouTube and Online Videos*, edited by Louisa Ha, Kindle ed., Lexington Books 2018.
169) The Guardianの報道による。https://www.theguardian.com/media/2019/apr/25/bbc-admits-iplayer-has-lost-streaming-fight-with-netflix.
170) Kyncl, Robert and Maany Peyvan. *Streampunks: How YouTube and the New Creators are Transforming Our Lives*. Kindle ed., New York: Harper Collins, 2017.
171) Garrahan, Matthew. "Netflix to ramp up productions in Europe in 2019."

Financial Times, 28 November 2018.

172) Paxson, Peyton. *Mass Communications: An introduction*. 2nd ed., Kindle ed., Bloomsbury Academic, 2018.

173) 辻泰明『昭和期放送メディア論 ── 女性向け教養番組における「花」の系譜』、和泉書院、2018、pp.98-99.

174) 辻泰明『映像メディア論 ── 映画からテレビへ、そして、インターネットへ』和泉書院、2016、「第10章 映像メディアの連携と融合」参照。

175) Brouwer, Bree. "About 95% of Total Video Views on YouTube Come from Just 5% of Its Content." *TubeFilter*, 20 October 2015, http://www.tubefilter.com/2015/10/20/95-percent-youtube-video-views-from-5-percent-of-content/.

176) Bärtl, Mathias. "YouTube Channels, Uploads and Views: A Statistical Analysis of the Past 10 Years." *Convergence: The International Journal of Research into New Media Technologies*. vol. 24 no.1, 2018, p.26.

177) Lobato, Ramon. *Netflix Nations: The Geography of Digital Distribution*. Kindle ed., New York University Press, 2019.

178) Paxson, Peyton. *Mass Communications: An introduction*. 2nd ed., Kindle ed., Bloomsbury Academic, 2018.

179) Broadband TV News Correspondent. "SVOD subscribers reach 1.8 million in South-East Asia." *Broadband TV News*, 11 January 2018, https://www.broadbandtvnews.com/2018/01/11/svod-subscribers-reach-1-8-million-in-south-east-asia/.

180) Kyncl, Robert and Maany Peyvan. *Streampunks: How YouTube and the New Creators are Transforming Our Lives*. Kindle ed., New York: Harper Collins, 2017.

181) Murch, Walter. *In the blink of an eye: a perspective on film editing*. 2nd ed., Silman-James Press, 2001. ウォルター・マーチ、吉田、俊太郎［訳］『映画の瞬き 映像編集という仕事』フィルムアート社、2008、p.183.

182) 辻泰明『映像メディア論 ── 映画からテレビへ、そして、インターネットへ』和泉書院、2016、p.123.

183) Ha, Louisa and Gi Woong Yun. "Digital Divide in Social Media Prosumption: Proclivity, Production Intensity, and Prosumer Typology among College Students and General Population." *Journal of Communication and Media Research*, vol.6, no.1, 2014, pp.25-44.

184) Statista "Most popular social networks of teenagers in the United States from fall 2012 to spring 2019." のデータを元に作成。https://www.statista.com/statistics/250172/social-network-usage-of-us-teens-and-young-adults/.

185) Savage, Jonathan. "Is 1 Minute of Video Really Worth 1.8 Million Words?" bold content, *video story tellers*, 26 November 2015, https://boldcontentvideo.com/2015/11/26/is-1-minute-of-video-really-worth-1-8-million-words/.

186) Deleuze, Gilles. "Preface to the French Edition." *Cinema I*. 1983, translated by Hugh Tomlinson and Barbara Habberjam, Kindle ed., Bloomsbury Publishing, 1986.

参考文献

Anderson, Chris. *The Long Tail: Why the Future of Business Is Selling Less of More*. Hachette Books. Kindle ed., 2010.

Bärtl, Mathias. "YouTube Channels, Uploads and Views: A Statistical Analysis of the Past 10 Years." *Convergence: The International Journal of Research into New Media Technologies*. vol. 24 no.1, 2018, pp.16-32.

Buckingham, David. *Media Education; Literacy, Learning and Contemporary Culture*. Kindle ed., Cambridge, England: Polity, 2003

Burgess, Jean and Joshua Green. *YouTube: online video and participatory culture*. 2nd ed., Kindle ed., Polity Press, 2018.

Bury, Rhiannon. *Television 2.0: Viewer and Fan Engagement with Digital TV*. Kindle ed., Peter Lang Publishing, 2017.

Cannell, Sean and Benji Travis. *YouTube Secrets: The Ultimate Guide to Growing Your Following and Making Money as a Video Influencer*. Kindle ed., Lioncrest Publishing, 2018.

Covington, Paul, Jay Adams and Emre Sargin. "Deep Neural Networks for YouTube Recommendations." *Proceedings of the 10th ACM Conference on Recommender Systems*, New York: ACM, 2016, pp.191-198. PDF

Cunningham, Stuart and David Craig. *Social Media Entertainment: The New Intersection of Hollywood and Silicon Valley*. Kindle ed., New York University Press, 2019.

Deleuze, Gilles. *Cinema I*. 1983, translated by Hugh Tomlinson and Barbara Habberjam, Kindle ed., Bloomsbury Publishing, 1986.

Godard, Jean-Luc. *Introduction à une véritable histoire du cinema*. Editions Albatros, 1980. ジャン=リュック・ゴダール、奥村昭夫［訳］『ゴダール　映画史（全）』筑摩書房、2012

Ha, Louisa Editor. *The Audience and Business of YouTube and Online Videos*. Kindle ed., Lexington Books, 2018.

Ha, Louisa and Gi Woong Yun. "Digital Divide in Social Media Prosumption: Proclivity, Production Intensity, and Prosumer Typology among College Students and General Population." *Journal of Communication and Media Research*, vol.6, no.1, 2014, pp.25-44. PDF

Jenkins, Henry. *Convergence Culture: Where Old and New Media Collide*. Kindle ed., New York: New York University Press, 2006.

Jenkins, Henry, Sam Ford and Joshua Green. *Spreadable Media: Creating value and meaning in a networked culture*. Kindle ed., New York: New York University Press. 2013.

Jenkins, Henry. *Textual poachers: television fans and participatory culture*. Updated 20th anniversary edition, Kindle ed., Taylor and Francis, 2013.

Johnson, Catherine. *Online TV*. Kindle ed., Taylor and Francis. 2019.

Kyncl, Robert and Maany Peyvan. *Streampunks: How YouTube and the New Creators are Transforming Our Lives*. Kindle ed., New York: Harper Collins, 2017.

Litvin, Stephen W., Ronald E. Goldsmith and Bing Pan. "Electronic Word-of-Mouth in Hospitality and Tourism Management." Tourism Management, vol.29 no.3, June 2008, pp.458–468. PDF

Lobato, Ramon. *Netflix Nations: The Geography of Digital Distribution*. Kindle ed., New York University Press. 2019.

Manovich, Lev. *Instagram and Contemporary Image*. 2018, PDF

McDonald, Kevin and Daniel Smith-Rowsey Editors. *The Netflix effect: technology and entertainment in the 21st century*. Kindle ed., Bloomsbury Academic, 2016.

Murch, Walter. *In the blink of an eye: a perspective on film editing*. 2nd ed., Silman-James Press, 2001. ウォルター・マーチ、吉田俊太郎［訳］『映画の瞬き　映像編集という仕事』フィルムアート社、2008

Nye, Jr., Joseph S.. *Soft Power: The Means To Success In World Politics*. Kindle ed., PublicAffairs. 2004.

O'Reilly, Tim "What Is Web 2.0 Design Patterns and Business Models for the Next Generation of Software" September 30, 2005. https://www.oreilly.com/pub/a/web2/archive/what-is-web-20.html

Paxson, Peyton. *Mass Communications: An Introduction*. 2nd ed., Kindle ed., Bloomsbury Academic, 2018.

Perkins, Claire and Constantine Verevis Editors, *Transnational Television Remakes*. Kindle ed., Taylor and Francis, 2016.

Postigo, Hector. "The Socio-Technical Architecture of Digital Labor: Converting Play into Youtube Money." *New Media & Society*, vol.18, no.2, 2014. PDF

Raun, Tobias. *Out Online: Trans Self-Representation and Community Building on YouTube*. Kindle ed., New York: Routledge, 2016.

Sanchez, Jack. *YouTube Marketing: Tips and Tricks for Better Conversions Using YouTube Marketing Strategies*. Kindle ed., Amazon Services International, 2019.

Schramm, Wilbur editor. *The Process and Effects of Communication*. Urbana: University of Illinois Press, 1955.

Strangelove, Michael. *Post-TV: Piracy, Cord-Cutting, and the Future of Television*. Toronto: University of Toronto Press, 2015.

Yuen, Nancy Wang. *Reel Inequality; Hollywood Actors and Racism*. Kindle ed., New Brunswick, NJ: Rutgers University Press, 2017.

おわりに

　YouTube がパートナープログラムを開始し、iPhone が発売され、Netflix がストリーミング配信に参入した 2007 年は、インターネット動画メディアが本格的な発展の時を迎えようとしていた年である。私事ではあるが、公共放送の職員だった筆者は、この年、2007 年に制作局から編成局に異動し、新機軸サービスの開発に取り組むこととなった。

　まず、視聴者層拡大という名の若年層対策として、インターネット広告や SNS、メールマガジンなどへの広報の展開を企図した。また、モバイルコンテンツ（携帯端末向けの動画）の開発を推進した。それまでにも、番組開発では視聴率分析とグループインタビューによって実績を挙げた経験があったが、大多数の無言の人と少数の物言う人との狭間で想像をめぐらせるものだったテレビメディアと、利用者の動向を直接把握できるインターネットメディアとはまったく異なる構造を有していることを、身をもって知った。

　その後、2010 年には、オンデマンド配信を担当する部署に異動となり、番組の配信業務に携わることとなった。着任後まもなく、大規模な SVOD（定額制ビデオ・オン・デマンド）サービスを開始することとなり、放送とは異なる通信というメディアの特性をつぶさに知る機会を得た。

　2015 年に研究者に転じ、大学で講義を受け持つようになってからは、直接、ミレニアル世代や Z 世代の人びとと接するようになり、若年層が次々に、インターネット動画メディアの新たなサービスを利用していく様子を目の当たりにした。

　振り返れば、十数年の間に、送り手の側と受け手の側といずれにも身を置いて、実体験を重ねたことになり、まさに望外のことだった。その過程で得た知見を、最新の研究成果に照らして分析し、考察した結果をまとめたものが本書『インターネット動画メディア論』である。

編集の労をとってくださった大学教育出版の佐藤守氏には厚く御礼を申し上げる。2016 年に発行した『映像メディア論』は、映画、テレビ、インターネット配信を俯瞰した 100 年ほどの期間を対象としたが、本書は、映像コミュニケーション革命の現状分析として、より短い期間すなわち直近の情勢を対象とした。ただし、革命という語が指し示す意義においては、本書が扱った内容の射程は 500 年以上すなわちマスメディアの誕生以来という長大なものとなる。

　もとより、この小著でインターネット動画メディアのすべてを詳述することは不可能であり、多くの事項は概論の域に留まらざるを得なかった。また、映像コミュニケーション革命は、現在、進行中の事象であり、日々、その状況は変化し、さまざまなサービスの内容も流動的である。そのため、本書の記述においても、思いがけない齟齬が存在する恐れがある。それら至らぬ点については、大方の叱正を乞う次第である。

　人類が過去に経験したさまざまな種類の革命、すなわちフランス革命や明治維新のような政治的変動においても、また、数次に渡って繰り返された産業革命のような技術革新においても、その主役は次々に入れ代わり、一日の覇者は瞬時に消え、まったく思いがけない存在が新たに出現して革命の果実を手中にすることが常であった。現在、進行しつつある映像コミュニケーション革命においても、今日、隆盛を極めているサービスがあっけなく消え、想像もしなかった新たなサービスが入れ代わって頂点に立つことがありうるだろう。しかし、いかに消長が激しくとも、インターネット動画メディアの勃興が表出しつつある問題には人類にとって不変の論点というべきものがある。それは、メディアを支えるのは、公共か営利かという提題である。ただし、この二つ、すなわち公共と営利とは必ずしも排他的ではなく二者択一の問題でもない。YouTube などいくつかのプラットフォームは、この両者が混淆した性質を有している。また、テレビという伝統的マスメディアでいえば、日本では公共放送と民間放送（商業放送）が並立し切磋琢磨してきたという事例がある。

　際限なく営利を追求して利用者の情報をほしいままにすれば、そこでは、人

間はデータの集積に置換され、収益最大化のためにAIがすべてを決定し指示する社会が生み出されることになる。一方、公共による過度の統制は、投資意欲を減退させて発展を阻害し、至るところにカメラが張りめぐらされた監視社会を現出させるだろう。この時、インターネット動画メディアは、統治の手段として用いられることになる。いずれの場合でも、人類の未来はディストピアとなりうる。こうした事態の到来に対して考えるべきは、公共貢献と営利追求のバランスをどうとるかであるといえるだろう。

　日本は今、少子化と移民受け入れというかつてない変革の中にある。次世代の若年層は、スマートフォン（モバイル）・ネイティブであり、物心ついた時から動画に接してきた。インターネット動画メディアは、これらの人びとのコミュニケーションの手段として、その行動や思想を映し出す鏡となるだろう。一方、移民増にともなう日本社会の多様化もまた、インターネット動画メディアにおける多様なコンテンツの出現として映し出されるに違いない。今まさにインターネット動画メディアを考究すべき意義はここにある。映像によるコミュニケーションの革命がもたらしつつあるのは、どのような社会と文化なのか。本書が、激変しつつあるメディアの大海に乗り出していく際の一枚の海図となれば幸いである。

■ 著者紹介

辻　泰明（つじ　やすあき）

筑波大学教授。博士（情報学）。東京大学文学部フランス語フランス文学科卒。

日本放送協会において、ドラマ部、ナイトジャーナル部、スペシャル番組部、教養番組部などで番組制作に従事。編成局に異動後、放送通信連係サービス、モバイルコンテンツ開発、オンデマンド配信業務など配信業務を担当。

［主な担当番組］ディレクターとして、NHK スペシャル『映像の世紀』、同『街道をゆく』、ドキュメンタリードラマ『宮沢賢治 銀河の旅びと』など。プロデューサーとして、定時番組『その時歴史が動いた』の企画開発、NHK スペシャル『信長の夢 安土城発掘』、同『幻の大戦果　大本営発表の真実』など。

［著書］『映像メディア論 ― 映画からテレビへ、そして、インターネットへ』、『昭和期放送メディア論 ― 女性向け教養番組における「花」の系譜』ほか。

インターネット動画メディア論
― 映像コミュニケーション革命の現状分析 ―

2019 年 10 月 30 日　初版第 1 刷発行

■ 著　　者 ── 辻　泰明
■ 発 行 者 ── 佐藤　守
■ 発 行 所 ── 株式会社　大学教育出版
　　　　　　　〒700-0953　岡山市南区西市 855-4
　　　　　　　電話（086）244-1268　FAX（086）246-0294
■ 印刷製本 ── モリモト印刷㈱

Ⓒ Yasuaki Tsuji 2019, Printed in Japan
検印省略　　落丁・乱丁本はお取り替えいたします。
本書のコピー・スキャン・デジタル化等の無断複製は著作権法上での例外を除き禁じられています。本書を代行業者等の第三者に依頼してスキャンやデジタル化することは、たとえ個人や家庭内での利用でも著作権法違反です。
ISBN978 - 4 - 86692 - 046 - 7